릴리아나 파비신스카 글
아샤 그비스 그림 마르타 브조섹 감수 김영화 옮김

버섯과 균

식물도
동물도
아닌
균류의
모든 것

글쓴이 릴리아나 파비신스카

글 쓰는 것을 좋아하여 작가가 되었습니다.
어린이를 비롯하여 청소년과 어른을 위한 여러권의 책을 썼으며 수차례 수상도 하였습니다.
번역가로도 활동하였으며 여러 잡지의 편집도 하였습니다. 책 읽는 것과 여행을 좋아하며, 앵무새를 기르고 있습니다.
대학원에서 행동과 태도 변화 심리학을 전공하였으며, 현재 만화에 대한 박사 논문을 쓰고 있습니다.

그린이 아샤 그비스

그래픽 디자이너이자 일러스트레이터입니다.
오랫동안 유명 잡지들의 그래픽 아티스트로 일했습니다. 책 읽는 것과 여행을 좋아합니다.
특히 아시아 지역 여행을 좋아합니다. 개인 홈페이지 kavkadesign.com을 운영하고 있습니다.

감수 마르타 브조섹

폴란드 바르샤바 대학교에서 생물학 석사 학위와 박사 학위를 취득했습니다.
현재 바르샤바 대학교 생화학센터의 분자계통과 진화 부서에서 교수자격 연구원으로 일하고 있습니다.

옮긴이 김영화

한국외국어대학교에서 폴란드어를 공부했습니다.
현재 폴란드에서 공부하면서 폴란드에 대한 호기심을 풀어 가는 중입니다.
옮긴 책으로는 《기상천외 발명백과》, 《니하오, 중국》이 있습니다.

풀빛 지식 아이

식물도 동물도 아닌 균류의 모든 것

초판 1쇄 발행 2019년 6월 20일 | 초판 2쇄 발행 2021년 4월 5일
글 릴리아나 파비신스카 | 그림 아샤 그비스 | 감수 마르타 브조섹 | 옮김 김영화
펴낸이 홍석 | 이사 홍성우 | 편집부장 이정은 | 편집 차정민·이은정 | 디자인 조은화
마케팅 이가은·이송희·한유리 | 관리 최우리·김정선·정원경·홍보람
펴낸곳 도서출판 풀빛 | 등록 1979년 3월 6일 제8-24호 | 주소 서울특별시 서대문구 북아현로 11가길 12 3층 (북아현동, 한일빌딩)
전화 02-363-5995(영업) 02-362-8900(편집) | 팩스 070-4275-0445 | 전자우편 kids@pulbit.co.kr
홈페이지 www.pulbit.co.kr | ISBN 979-11-6172-140-8 74480 978-89-7474-082-5(세트)

이 도서의 국립중앙도서관 출판예정도서목록(CIP)은 서지정보유통지원시스템홈페이지(http://seoji.nl.go.kr)와
국가자료공동목록시스템(http://www.nl.go.kr/kolisnet)에서 이용하실 수 있습니다. (CIP제어번호 : 2019018129)

Original title: Grzyby
Copyright ⓒ Wydawnictwo "Nasza Księgarnia", 2017
Illustrations by Asia Gwis, Text by Liliana Fabisińska, Mycological consultation: Marta Wrzosek, Ph.D
All rights reserved. Korean translation rights ⓒ 2019 Pulbit Publishing
Korean translation rights are arranged with Wydawnictwo Nasza Księgarnia Sp. z o.o. through AMO Agency, Seoul, Korea

이 책의 한국어판 저작권은 AMO에이전시를 통해 저작권자와 독점 계약한 도서출판 풀빛에 있습니다.
저작권법에 의해 한국 내에서 보호를 받는 저작물이므로 무단 전재와 무단 복제를 금합니다.

*이 책에 실린 균류의 국내명은 국립수목원의 국가생물종지식정보시스템과 한국과학기술정보연구원의 한국산 버섯DB를 기준으로 표기하였습니다.
국내명이 없거나 국내 미발견 균류인 경우에는 학명을 라틴어 발음으로 표기하였습니다.
*책값은 뒤표지에 표시되어 있습니다.
*파본이나 잘못된 책은 구입하신 곳에서 바꿔드립니다.

 This publication has been supported by the ⓒPOLAND Translation Program
이 책은 폴란드 북 인스티튜트의 지원을 받아 제작하였습니다.

Big은 큰 세상을 꿈꾸는 아이들을 위한 빅북 시리즈 로고입니다.

품명 아동 도서	사용연령 7세 이상
제조국 대한민국	제조년월 2021년 4월 5일
제조자명 도서출판 풀빛	연락처 02-363-5995
주소 서울특별시 서대문구 북아현로 11가길 12 3층 (북아현동, 한일빌딩)	
주의사항 종이에 베이거나 긁히지 않도록 조심하세요.	
책 모서리가 날카로우니 던지거나 떨어뜨리지 마세요.	
KC마크는 이 제품이 공통안전기준에 적합하였음을 의미합니다.	

식물인가요? 동물인가요?

아니요, 균이에요!

버섯은
식물계에
속할까요?
동물계에
속할까요?

버섯은 개별적인 균계를 형성해요.

버섯은 식물이나 동물, 어느 쪽에도 속하지 않아요.

*계는 생물을 분류하는 가장 큰 단위예요. 생물 분류의 기본 단위는 '종'이며, 종-속-과-목-강-문-계의 순서로 분류 범위가 넓어져요.(옮긴이)

17세기 스웨덴 식물학자 칼 폰 린네는

자연의 체계를 3개의 계로 나누었어요. 하나는 살아있지 않은 것들의 집합체인 **광물계**였고, 나머지는 살아있는 **식물계와 동물계**로 분류하였어요. 린네는 버섯을 식물로 분류하였고, 1969년까지도 버섯을 식물의 한 종류로 여겼어요.

그리고 수많은 사람들이 오늘날까지도 그렇게 생각하고 있어요.

현대의 생물학자들은, 버섯은 **동물**에  더 가깝다고 주장해요. 버섯의 세포벽은 **키틴**이라는 다당류로 이루어져 있는데 식물은 키틴을 만들어 내지 못하거든요.

키틴은 곤충이나 절지동물의 껍질에서 나와요.

또한 동물은 글리코겐과 지방질을 비상 물질로 모아 두어요.

대신 식물이 살아가는 데에 필요한 광합성 능력을 동물은 가지고 있지 않아요.

그렇다면 버섯을 동물이라고 할 수 있을까요?

그건 아니랍니다! 버섯은 활동적으로 움직이지를 못해요.

그리고 자극에 대한 반응으로 도망을 가거나 숨지도 못하지요.

그래서 버섯은 그냥 균이에요. 균은 자연에서 독특한 자기들만의 계를 **구성하고 있지요.** 그것도 가장 규모가 큰 계 중 하나랍니다.

신비로운 버섯 왕국

생물학자들은 지금까지 29만 개 이상의 식물종을 찾아냈지만,

균종은 **단** 10만 개 정도만 찾아냈을 뿐이에요.

그러나 이것이 균이 식물보다 종류가 적다는 의미는 아니에요!

오스트레일리아 환경부에 의하면, 지금까지 육지 식물종의

70퍼센트를 찾아낸 것에 비해 **균종은 겨우 7퍼센트만** 찾아냈어요.

심지어 미국 과학자들은 육지에는 식물종보다 6배나 더 많은 균종이 존재한다고 주장하기도 해요.

전 세계의 학자들은 새로운 균종을 계속 발견하고 있는데, 한 해 평균 1,700개 정도나 되어요!

그리고 지금도 여전히 모든 기후대의 육지, 물, 지하, 지상, 나무 위, 포유동물과

인간의 소화 기관에 살고 있는 **100만 개에 가까운** 균종이

발견될 거라고 기대하고 있어요.

고대에 발견된 버섯!

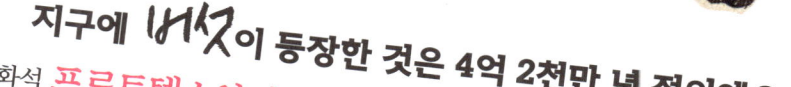

사우디아라비아에서 발견된 8미터짜리 화석 **프로토텍스아이티스**가 버섯이라고 주장하는 사람들도 있어요. 프로토텍스아이티스는 멀리서만 보였어요. 왜냐하면 그 시기에는 식물의 키가 최대 1~1.5미터 정도였거든요. 그리고 육지에는 무척추동물들만 살는데, 무척추동물 중에도 몇 십 미터짜리 표본이 발견된 적은 없어요. 그래서 그때 아마 **버섯이 멋진 풍경 위로 우뚝 숏아올라 있었을 거에요!**

버섯은 어떻게 생겼을까요?

버섯은

몸 전체가 **균사체** 하나로 이루어졌으며, 여러 가지의 조직과 장기로 구분이 되지 않아요. 버섯은 실 같은 요소인 균사로 구성되어 있고, 현미경으로 보면 촘촘한 선들이 줄지어 엉켜 있는 것처럼 보여요. 균사들이 빵에 생기는 곰팡이나 페니실린의 푸른곰팡이 혹은 광대버섯이나 양송이버섯의 갓을 이루는 성분과 같다는 것은 믿기 힘든 일이지만요. 그러면 왜 양송이버섯은 카망베르 치즈에 있는 곰팡이와는 다르게 생긴 걸까요? 간단하게 말해서 양송이버섯이나 다른 갓이 있는 버섯들은 밀도가 높은 균사체를 가지고 있고, 그 균사체에서 우리가 바로 버섯이라고 부르는 **자실체**가 생겨나요. 버섯의 내부와 외부에서는 **포자**를 생성해 내고, 이 포자 덕분에 번식을 할 수 있어요.

자루　주름살　갓

자실체 – 밀도가 높은 균사

땅속 균사체

밀도가 낮은 균사

갓이 있는 버섯은 겉모습이 서로 비슷해요.
주로 갓 아래에 무엇을 가지고 있는지에 따라 차이가 나타나요.

1. 관공 (구멍)

그물버섯, 큰비단그물버섯, 밤꽃그물버섯은 갓 아래 구멍이 숭숭 뚫려 있어요.

2. 주름살

전형적인 주름살이 있는 버섯은 **광대버섯, 맛젖버섯, 끈적버섯, 양송이버섯** 등이에요. 이 버섯들은 다시 자루에 턱받이처럼 생긴 자루테가
있는 것 (**큰갓버섯, 양송이** 등)과
없는 것 (**밤버섯, 느타리버섯** 등)
으로 나뉘어요.

나이가 많은 버섯은 자루테가 떨어져 있거나 사라져 있을 수도 있어요.

3. 내린주름살

– 주름살과 비슷하지만 조금 더 부드럽고, 대칭 무늬가 없어요. 쪼그라들거나 모양이 흐물거릴 수 있어요.

4.

갓의 아래에는 **능이버섯**처럼 **가시**가 숨겨진 경우도 있어요.

그리고 **뿔나팔버섯**처럼 **밋밋한 표면**을 가진 버섯들도 있어요.

버섯 도감

버섯

식용 버섯

독버섯

보호종 | 희귀종 버섯

식용 버섯

식용 버섯

독버섯

유럽에서는 해마다 **수천 명의 사람들**이 버섯 때문에 병에 걸려요. 수백 명이 독버섯을 먹고 죽는데, 이런 일은 숙달된 버섯 채집가에게도 가끔 일어나요. 독버섯의 증상은 심지어 버섯을 먹고 며칠이 지난 뒤에도 나타날 수 있어요! 끈적버섯에 속하는 어떤 버섯은 신장을 손상시키는 독을 가지고 있는데 무려 버섯을 먹은 지 2주 후에 증세가 나타났어요. 버섯에 있는 독은 소화 기관에만 문제를 일으키는 것은 아니에요. 환각 증세, 두통, 눈물, 시력 장애 등도 일으켜요.

광대버섯
(Amanita muscaria)

마귀광대버섯
(Amanita pantherina)

독이 의심되나요?

1. 최대한 빨리 **119**에 전화를 걸어 도움을 받아요.
2. 소금물을 마신다든지 해서 토해 내요. 그 다음, 독을 조금이나마 흡착할 수 있는 의료용 활성탄 숯(약용탄) 알약을 8~10알 먹어요.
3. 의사에게 보여 줄 수 있도록 독이 들어 있다고 의심되는 음식의 일부를 보관해요.

독버섯

독버섯

보호종 | 희귀종 버섯

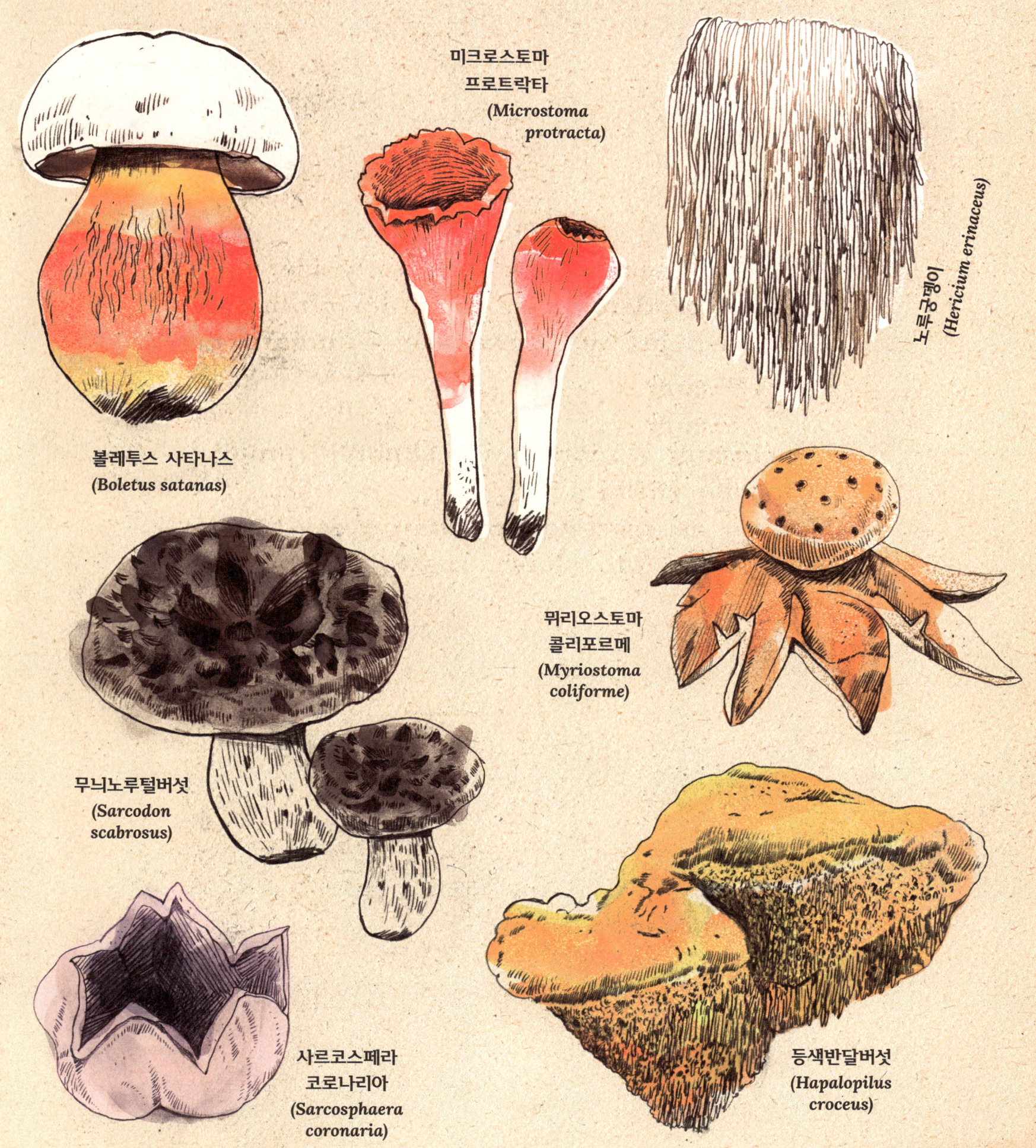

이름은 진실을 알고 있다

버섯의 이름은 아주 오래되고 민속적인 것이 많은데, 재미있는 이름들이 꽤 있어요. 그런 이름은 우연히 지어진 것은 아니에요. 사람들의 눈으로 바라본 자연을 표현한 이름들이에요. 그래서 대부분의 버섯 이름은 뭔가 중요한 사실을 알려 주고 있어요.

① **솔버섯** – 빨간색 균모에 황금색 털이 반짝이는데, 마치 기사처럼 용맹스러워 보여요. 자신이 기생해 있는 나무의 뿌리에 생긴 병도 낫게 해 주는 버섯이에요.

② **뿔나팔버섯** – 나팔 모양을 하고 있고 자루의 속은 비어 있어요. 폴란드에서는 '트럼펫', '바지통', '파이프 담배' 등으로 불리기도 해요.

③ **어리알버섯** – 알감자처럼 단단하고, 묵직하고 두꺼운 표피를 가지고 있어요.

④ **쓴맛그물버섯** – 맛이 쓴 버섯은 이름에 그대로 나타내는 경우가 많아요. 이 버섯도 끔찍하리만큼 고통스러운 쓴맛이 나거든요.

⑤ **답싸리버섯** – 가지가 많이 뻗어 나와 있는 모양이 마치 싸리빗자루 같다고 해서 붙은 이름이에요.

⑥ **선녀낙엽버섯** – 숲의 가장자리와 비포장도로의 길가에서 자라나요. 그래서 폴란드에서는 '작은 여행자'라고 불리기도 해요.

개나 먹는 버섯

폴란드에서는 먹을 수 없는 버섯을 '강아지 버섯'이라고 불러요. 왜냐하면 맛이 없어서 말 그대로 **개나 먹을 만하기 때문이에요.**

사람들이 관심을 가질 필요가 없고, 동물들에게나 어울린다고 해서 이렇게 불러요.

⑦ **무당버섯** – 유럽에서는 이 버섯류를 생으로 먹는 경우도 잦아서 생버섯이라고도 불려요.
⑧ **주름우단버섯** – 폴란드에서는 올슈프카라고 불리는데, 올슈나라는 지역에서 많이 자생하기 때문이에요.
⑨ **뽕나무버섯** – 뽕나무 그루터기에서 자라나는 버섯들이 이런 이름을 가져요. ⑩ **젖버섯** – 이 버섯은 부러뜨리면 속에서 우유 같은 하얀 액체가 흘러나오기 때문에 이런 이름을 얻게 되었어요. ⑪ **광대버섯** – 화려한 색깔과 생김새가 광대의 알록달록한 옷을 떠올리게 해요. ⑫ **꾀꼬리버섯** – 꾀꼬리처럼 몸 전체가 노랗다고 해서 꾀꼬리버섯이에요.
⑬ **팽나무버섯** – 팽나무에서 자란다고 해서 팽나무버섯이지만 다른 나무에서도 자라요. 흔히 팽이버섯이라고 부르는데, 우리가 먹는 하얗고 긴 팽나무버섯은 재배품종이고, 야생 팽나무버섯은 갈색이고 커요.

양송이버섯은

사람들이 가장 많이 키우는
버섯 중 하나예요.
보통 규모가 큰 재배장에서 키워요.
하지만 온도가 12~20도 정도로 유지되는 창고나 다락방,
지하실 같은 곳에서도 기를 수 있어요.

어떻게 키울까요?

돈을 주고 버섯 재배 키트를 구입할 수 있어요. 만일 키트가 없다면 정원의 흙을 부식토와 잘 섞어서 버섯의 균사체 겉면을 덮어 주어요. 버섯은 먹으려고 사 둔 것을 포함해서 아무거나 사용해도 상관없어요. 그 다음에 흙에 물을 살짝 주고, 조용한 장소에 다시 놓아두어요. 어두울 필요는 없어요! 첫 번째 양송이버섯은 3~4주가 지나면 수확할 수 있어요. 양송이버섯은 정원에서도 키울 수 있는데, 꼭 나무 아래에서 키울 필요는 없고 잔디에서도 잘 자라요. 다만 버섯을 기를 때는 공기가 잘 통하게 해 주어야 하고, 균사체에 너무 많은 물을 주어서는 안 된다는 사실을 꼭 기억하세요!

구멍 뚫린 자루에서 버섯 키우기

버섯이 숲에서만 자라는 건 아니에요. 집에 있는 정원이나 지하실, 욕실이나
차고에서도 버섯을 재배할 수 있어요. 나무 조각이나 톱밥이 가득 찬 자루만 있다면요.

느타리버섯은

나무 조각이나 톱밥을 채운 마대 자루에 담아 정원이나 욕실에서 **키울 수 있어요**

● 어떻게 키울까요?

버섯 균사체 500그램을 15킬로그램의 톱밥과 잘 섞어요. 자루에는 지름 10~15센티미터 정도의 구멍을 뚫어요. 섞은 내용물로 자루를 채우고, 온도가 20도 이상인 따뜻하고 어두운 장소로 옮겨요. 버섯의 균사체는 온도가 20도 이상으로 올라갈 때 가장 잘 자라거든요. 많은 사람들이 따뜻하고 습기가 많은 욕실을 느타리버섯의 재배 장소로 이용해요. 다만 자루를 놓아두는 장소가 어두워야 한다는 사실은 잊지 마세요! 약 2~3주 후 버섯이 모습을 드러내면 자루를 다른 장소로 이동시켜요. 공기가 수분을 많이 머금고 있고, 빛이 조금 드는 선선한 장소(온도는 10~15도)로 옮겨요. 한 주가 지나면 자루의 구멍을 조금 더 크게 해 주어요. 3~4개월이 지나면 첫 번째 버섯을 수확할 수 있어요. 느타리버섯은 보통 한데 뭉쳐 크게 덩어리를 이루어 자라난다는 것도 기억해 두세요. 손님을 초대한다 해도, 하루만에 버섯을 전부 다 먹을 수 없을 거예요!

숲속의 버섯

여러분의 집 정원에서도 버섯을 키울 수 있어요.
가끔은 절대 버섯 따위는 자란 적이 없던 곳에 나타날 수도 있겠죠!

어떻게 키울까요? 균사체를 사도 되고, 나무 아래의 땅을 살짝 파서 벌레를 먹은 버섯이나 숲에서 버섯을 따다가 깨끗하게 다듬을 때 떨어진 버섯 등을 주워 와도 돼요. 가끔은 정원에 버려진 버섯 껍질에서 **큰갓버섯**이나 밤꽃그물버섯이 생기는 경우도 있어요. 운이 좋으면 나무 아래에서 스스로 자라는 비단그물버섯이나 곰보버섯을 만날 수도 있어요. 이 버섯의 포자들은 원예원에서 구입한 나무껍질에 매달려 돌아다니다가 침엽수 주변으로 뿌려진 것이에요.

버섯이 자라는 땅이 바짝 마르지 않도록 신경을 써야 해요!
그리고 서리가 내리기 전에 채집하세요.

2 꼭 지켜야 할 가지 원칙

- 버섯은 공기가 통하는 곳에 있어야 해요.
- 균사체는 계속 습한 상태여야 해요. 하지만 물을 많이 부어서도 안 돼요.

표고버섯은

일본의 버섯으로, 시타케라고도 해요. 이 버섯은 재배하기가 정말 쉬워요. 균사체 하나와 1~3개월 가량 내버려져 있던 활엽수 나무 조각만 있으면 충분해요.

어떻게 키울까요? 나뭇가지나 나무 조각에 구멍을 내요. 그리고 그 속에 버섯의 균사체를 집어넣고, 물을 부어요. 나무는 16~22도 정도 되는 따뜻하고 습하며 바람을 피할 수 있는 어두운 장소에 놓아두어요. 물론 이미 균사체가 들어가 있는 나무덩이(배지)를 사도 돼요. 일주일만 있으면 첫 번째 버섯을 만날 수 있어요.

버섯을 따러 갈까요?

가을은 버섯을 따러 숲이나 산으로
나가기에 가장 좋은 때예요.
버섯을 찾으러 나가기 전에, 먼저
준비물을 챙겨야 해요!

바구니 - 고리버들로 만들어진 바구니가 가장 좋아요.
동화 속 빨간 모자가 할머니에게 갈 때 가지고 갔던 그런 바구니 말이에요.
버섯을 따면 비닐봉지에는 넣지 않는 것이 좋아요. 그랬다가는 빨리 축축해지고
곰팡이가 생겨서 집에 돌아가기도 전에 버려야 할지도 몰라요!

나침판 - 길을 잃지 않으려면 나침반도 필요해요.
물론 스마트폰에 있는 GPS를 나침반 대신 사용할 수도 있지만, 도심에서 떨어진
나무가 우거진 숲이나 산에서는 신호 범위를 벗어나기 십상이에요.
잘 알지 못하는 숲이라면, 길을 따라가면서 양쪽에 있는 버섯을 따는 것이
좋아요. 너무 깊이 들어가지 말고요.

버섯 도감
(혹은 스마트폰 어플리케이션)
- 아주 능숙하고 전문적인
버섯 채집가들도 가끔 의심스러운
버섯을 만날 때가 있어요. 또는
굉장히 이상하거나 예쁜 외관을
가진 버섯의 이름을 확인해 보고
싶을 때 버섯 도감이 필요해요.

벌레 기피제 - 여러분의 몸을 벌레로부터
보호해 줄 거예요.

헷갈리기 쉬운 독버섯들

1.
두 버섯은 나무줄기에 촘촘하게 붙어서 큰 덩어리를 이루며 자라나요. 뽕나무버섯의 갓에는 섬세한 비늘이 돋아 있거나 껍데기가 일어나 있어요. 노란개암버섯은 갓이 미끈하고요. 뽕나무버섯의 주름살은 베이지색이고, 노란개암버섯은 진한 노란색이나 황갈색이에요.

2.
꾀꼬리버섯의 갓 가장자리는 처음에는 부드럽게 갈라지다가 나중에는 각각의 조각이 층을 만들어 내는 것처럼 불규칙하게 주름이 잡혀 있어요. 꾀꼬리큰버섯은 규칙적인 물결 모양으로 안으로 감겨 있어요. 꾀꼬리버섯은 아래쪽에 뻣뻣한 물결 무늬가 있고, 꾀꼬리큰버섯은 부드럽고 자잘한 주황빛의 주름살을 가지고 있어요. 꾀꼬리버섯의 자루는 통통하고 짧지만 꾀꼬리큰버섯은 얇고 주황색이에요. 꾀꼬리버섯은 밝은 노란색의 섬유질을 가지고 있고, 꾀꼬리큰버섯은 주황색이에요.

식용 버섯: **뽕나무버섯**

독버섯: **꾀꼬리큰버섯**

독버섯: **노란개암버섯**

식용 버섯: **꾀꼬리버섯**

어떤 독버섯은 식용 버섯과 거의 모습이 똑같아요.
그래서 항상 숲에 버섯을 따러 갈 때는 버섯 도감을 가지고 가는 것이 좋아요.
뭔가 의심을 불러일으키는 버섯이 있다면 바구니에 담지 말고
그냥 나무 아래 그대로 두세요.

헷갈리기 쉬운 식용 버섯과 독버섯:

큰갓버섯은 자루에 움직이는 자루테가 있어요. 알광대버섯은 자루테 대신 갓 가까이에 옷깃처럼 술이 달려 있어요. 큰갓버섯의 갓 표면은 어두운 색의 비늘 조각으로 살짝 덮여 있고, 위쪽 가운데에는 갈색의 볼록 튀어나온 것이 있어요. 알광대버섯의 갓은 보통 밋밋해요. 큰갓버섯은 따기 쉽지만, 알광대버섯은 아주 단단하게 붙어 있어요. 큰갓버섯은 보통 알광대버섯보다 키가 크고 날씬한 편인데, 무려 40센티미터까지도 자라나요. 큰갓버섯의 자루 밑부분은 통통하고 두꺼운 편이지만 선이 나 있지 않고, 알광대버섯의 자루 밑부분에는 살짝 접힌 듯한 선이 나 있어요.

독버섯:
알광대버섯

3.

식용 버섯:
큰갓버섯

주의!
알광대버섯은 버섯 중에서도 가장 유명한 살인 버섯이에요! 전 세계에 퍼져 자라는데, 치명적인 버섯 중독 사례의 무려 80%가 이 버섯 때문이에요.

4.

쓴맛그물버섯은 독버섯은 아니지만 이름처럼 굉장히 쓴맛을 내요. 이 버섯은 아주 소량으로도 큰 냄비에 담긴 국이나 찌개의 맛을 망칠 수 있을 정도예요. 그래서 악마의 버섯이라는 이름으로 널리 알려졌어요. 그물버섯은 자루에 있는 독특한 그물망을 보면 쉽게 알아볼 수 있다고들 하지만, 두 버섯 모두 독특한 그물망을 가지고 있어요. 쓴맛그물버섯은 선명하고 어두운 색이고, 그물버섯은 밝고 연하며 주로 자루의 윗부분에서 망이 잘 보여요. 어린 버섯일 때는 두 버섯의 갓 아래가 거의 똑같은 모습이고, 성장하면 색이 조금 달라요. 쓴맛그물버섯은 옅은 분홍이나 회색이고, 그물버섯은 흰색이나 노란색이에요. 쓴맛그물버섯은 독버섯이 아닌 만큼 맛을 보면 가장 간단하고 빠르게 확인할 수 있어요. 쓴맛그물버섯의 섬유질 부분은 좋은 향기를 풍기지만 아주 써요. 갓 부분을 조금 떼어 내서 혀끝으로 살짝 맛을 보세요.

식용 버섯:
그물버섯

먹지 않는 버섯:
쓴맛그물버섯

이런 말은 믿지 마세요!

독버섯은 항상 쓴맛이 난다는 말은 사실이 아니에요. 알광대버섯은 아주 맛있고 향 또한 좋아요. 독버섯이 있는 냄비에 금속 숟가락을 담그면 숟가락이 검게 변한다는 말도 사실이 아니에요. 익은 양파를 독버섯과 함께 끓이면 어두운 색으로 변한다는 것도요. 버섯에 벌레가 있다고 해서 식용 버섯이라고 생각하면 안 돼요. 벌레들이 좋아하는 버섯이 사람들의 몸에도 좋은 버섯이라는 법은 없으니까요.

식용 버섯:
곰보버섯

독버섯:
마귀곰보버섯

5.

곰보버섯의 갓에는 선명하게 홈이 파여 있어요.
이 홈은 물결치며 작은 벽을 이루고 있고,
벽 사이에는 빈 공간이 있어요.
마귀곰보버섯에는 홈도 파여 있지 않고,
물결도 없어요. 이 버섯의 갓은 매우
울퉁불퉁해서 뇌의 모양, 호두를 반으로
잘랐을 때의 모양을 떠올리게 해요.
곰보버섯의 섬유질은 부드럽고 왁스 같아요.
마귀곰보버섯은 바삭하고
부서지기 쉬워요.

말린 버섯은 독성이 없다?
마귀곰보버섯은 많은 나라에서 독버섯으로 취급되어요.
그렇지만 스웨덴이나 프랑스 같은 나라에서는 이 버섯을 말린 후 물에
불려서 익혀 먹어요. 이렇게 하면 독성을 없앨 수 있다고 해요. 하지만 독에
중독이 될 수도 있으니 조심해야 해요. 이 버섯으로 요리를 하면서
독소를 흡입하는 것만으로도 신장과 간을 손상시킬 수도 있어요.

식용 버섯:
붉은젖버섯

6.

이 두 버섯은 아주 비슷해요.
둘 다 동그란 모양에 오목한 갓을 가지고 있어요.
하지만 큰붉은젖버섯에는 양털을 연상시키는 특유의
미세한 털이 말려 올라간 가장자리에 자리 잡고 있어요.
붉은젖버섯의 섬유질은 주황색인데, 자루의 가장자리
부분에서 가장 선명해요(자르면 쉽게 볼 수 있어요.).
반면 큰붉은젖버섯은 흰색이에요. 붉은젖버섯에서는
주황색의 즙이 나오고, 공기와 접촉하면 초록빛으로 변해요.
큰붉은젖버섯의 즙은 흰색이고 한 방울만 입술에 닿아도
얼얼함을 느낄 수 있을 정도예요.

독버섯:
큰붉은젖버섯

겨울에 먹을 버섯

버섯을 바구니에 가득 모았나요? 좋아요! 그럼 버섯으로 이제 무엇을 만들어 볼까요?

1. 말리기

말리기 전에 버섯을 얇게 썰어요. 그 다음에 자른 버섯을 구슬로 목걸이를 엮듯 실에 꿰고, 건조한 날에 줄에 걸어 햇빛을 쬐어 말려요. 난방기기 주변에 두고 말려도 괜찮아요. 아니면 판에 펼친 후 오븐 입구에 넣고, 오븐 뚜껑을 반쯤 열어 놓고 낮은 온도로 설정한 후 말릴 수도 있어요. 물론 식품 건조기를 이용해도 됩니다. 마른 버섯은 습기를 방지하고 버섯의 향을 유지할 수 있도록 금속 용기나 유리병에 보관해요.

나중에 보관해 둔 버섯을 먹으려면, 몇 시간 정도 버섯을 물에 불려야 해요. 그 다음에 부드러워질 때까지 끓여서 먹으면 돼요. 버섯을 말려서 잘게 찢어 놓거나 갈아 두는 사람들도 있어요. 가루로 만든 버섯은 부피를 덜 차지해서 보관하기 좋고, 음식을 만들 때도 훨씬 편하게 조리할 수 있어요.

버섯을 씻는다? VS 안 씻는다?

버섯은 90퍼센트를 수분으로 채울 수 있어요.

물이 있는 그릇에 버섯을 담가 두면 마치 스펀지처럼 물을 빨아들일 수 있어서, 오랫동안 물에 담가 두는 것은 좋지 않아요. 버섯 채집가들 사이에서도 버섯 씻기에 대한 의견은 두 가지로 나뉘어요. 버섯을 말리기 전에 흐르는 물에 빠르게 헹군 후 확실히 말리는 것이 좋다는 사람도 있고, 씻지 말고 땅에서 땄을 때 칼이나 키친타월 등을 이용하여 조심스럽게 나뭇가지 등을 깨끗하게 정돈을 하면 된다는 사람도 있어요. 그 다음에 버섯을 말리고, 물에 불린 후에 요리하기 직전에 물에 씻으면 된다고 말이에요. 양쪽 모두 자신이 옳다고 믿는답니다!!

2. 양념에 재기

씻은 버섯에 양파와 양념을 넣고 부드러워질 때까지 끓인 후, 병에 담아요. 물과 식초를 반반 섞고, 설탕과 소금, 그 외 양념을 추가하여 끓인 물을 잘 식힌 후에 버섯이 든 병에 붓고 뚜껑을 달아요. 육류 가공품이나 커틀릿을 먹을 때 곁들이면 좋아요.

이 양념들은 버섯과 찰떡궁합: 월계수 잎, 통후추, 향신료 올스파이스, 소금, 설탕. 양념에 재거나 식초에 절여 둔 버섯에 채 썬 당근, 양파, 파프리카를 더 넣는 사람들도 있어요.

3. 소금에 절이기

우크라이나에서는 버섯을 소금에 절여 둬요. 크지 않은 버섯갓을 말릴 때와 마찬가지로 씻고, 썰고, 말려요. 그 다음에 버섯을 유리병이나 도자기 그릇에 넣고 소금을 뿌리면서 층을 만들어야 해요. 마지막은 소금층이 되어야 하기 때문에 요리를 하기 전에 버섯을 반드시 깨끗하게 씻어야 해요! 비슷한 방법으로 소금물을 부어도 돼요. (물 1리터에 소금이 한 컵 정도 들어가요.)

4. 얼리기

꾀꼬리버섯과 같은 일부 버섯은 얼린 후에 해동을 하면 맛이 없어져요. 그래서 가장 안전하게 먹기 위해서는 냉동실에 넣기 전에 살짝 삶거나 볶거나 찌는 것이 좋아요.

5. 식초에 절이기

식초에 절이는 방법은 특히 러시아에서 많이 사용해요. 버섯을 아주 짧은 시간 동안 데치고, 돌냄비에 양파와 양념을 번갈아 가면서 차곡차곡 쌓아 올려요. 그리고 나서 접시로 덮고 위에서 누른 뒤 며칠이 지나서 기름을 조금 부어도 되고, 아니면 바로 설탕을 탄 시큼한 사워밀크를 부어요. 가끔 오이피클처럼 병에 넣고 식초에 절이기도 해요.

식탁에 올려 볼까요?

버섯 애피타이저, 버섯 메인 요리, 버섯 디저트까지? 물론 가능하죠!

여러 요리책에 버섯이 재료로 들어가는 레시피들이 있어요.
버섯이 들어가지 않았는데도 버섯 요리처럼 느껴지는 것도 있고요.
버섯 팬케이크는 버섯은 안 들어가지만 맛있고 달콤해요!

속을 채운 버섯전

- 큰 양송이버섯 12개 ● 마늘 한 알 ● 식물성 오일 한 스푼
- 크림치즈 225g ● 파르메산 치즈 가루 20g
- 다진 파슬리 한 스푼 ● 후추 한 꼬집
- 오븐용 기름 혹은 유산지

양송이버섯을 깨끗하게 다듬고 씻어요. 조심스레 밑동을 떼어 내고,
이것을 잘게 썰어요. 작은 프라이팬에 기름을 두르고 불에 달궈요.
잘게 썬 버섯 밑동과 압착하여 다진 마늘을 프라이팬에 넣고,
약한 불에 살짝 볶아요. 버섯에서 물이 빠지고
그 물이 날아갈 정도로 볶으면 돼요. 볶은 버섯 밑동을 식히고,
거기에 크림치즈와 파르메산 치즈 가루를 뿌려요.
그리고 파슬리와 후추 가루도 약간 뿌린 후, 준비된 속재료를
버섯의 갓에 채워요. 이를 유산지나 기름을 바른 오븐판에 올려요.
175도로 예열시킨 오븐에 넣고, 약 20분간 구워요.

요리 팁:

양송이버섯의 속은
어떤 재료로도 채울 수 있어요.
간 양파와 볶은 고기, 노란 치즈와 햄이
들어간 먹다 남은 감자 요리,
데친 채소 등 무엇이든지요.
여러분도 냉장고 안에 있는 것을
이용해서 무엇을 넣으면 좋을지
아이디어를 내 보아요.

버섯 수프

- 국물용 각종 채소
 (당근, 무, 양파, 파 등)
- 닭다리 2개
- 말린 버섯 80~100g
- 양파 1개
- 버터 4~5스푼
- 생크림 300ml(지방 함량 30%나 36%)
- 너트맥 한 꼬집
- 소금과 후추

각종 채소를 물에 가볍게 헹구고 껍질을 벗겨요. 닭다리도 씻어요.
큰 냄비에 각종 채소와 함께 집어넣고 물 3리터를 부어요. 소금과 후추로 간을 한 다음 그 상태로 2시간 정도 끓이고, 필요한 경우에는 물을 조금씩 더 보충해요.
버섯은 깨끗하게 씻은 후에 차가운 물을 부어서 1~2시간 정도 두어요.
물에서 버섯을 꺼내고, 남은 물은 그대로 두어요. 꺼낸 버섯은 길게 채를 썰거나 작게 잘라요. 양파를 썰어서 큰 냄비에 담아 버터 두 스푼을 넣고 양파가 투명해질 때까지 볶아요. 양파가 노릇하게 구워지지는 않아야 해요. 남은 버터는 냉장고에 넣어 두어요.
볶은 양파에 버섯을 넣고 몇 분 정도 더 볶아요. 강렬한 향이 나기 시작하면 불을 꺼요. 그리고 볶은 것에 소금과 후추로 양념을 해요.
그리고 채소 국물과 버섯을 담가 두었던 물을 부어요. 뚜껑을 덮고 30~40분 정도 끓여요. 생크림을 담은 볼에 끓인 수프 2~3스푼을 넣고, 그것을 빨리 냄비에 부어요. 이렇게 해야 수프가 상하지 않고 뭉치지도 않아요. 수프를 블렌더로 섞은 후, 다시 한 번 끓여요.
간을 해서 맛을 내고, 차가운 버터 2~3스푼을 조금씩 넣어요.
이렇게 하면 수프가 걸쭉해지고 윤기를 내게 되어요. 수프에 가는 면이나 크루통을 곁들여 먹어도 좋아요.

버섯 커틀릿

- 느타리버섯의 갓 부분 6~8개
- 달걀 1개
- 밀가루 4~5스푼
- 빵가루 5~6스푼
- 소금과 후추
- 기름 4스푼

느타리버섯을 씻고 키친타월로 물기를 제거해요. 버섯을 우유에 30~45분 가량 담가서 적셔요. 접시에 달걀을 깨서 풀고 소금과 후추를 뿌려요. 다른 접시 두 개에는 밀가루와 빵가루를 각각 담아요. 우유에서 버섯을 꺼내서 키친타월로 가볍게 물기를 닦고, 차례대로 밀가루옷, 달걀옷, 빵가루를 입혀요. 프라이팬에 기름을 두른 후 달궈서 느타리버섯을 구워요. 양면이 모두 노릇하게 구워지면 불을 끈 상태에서 뚜껑을 덮고, 5~10분 정도 뜸을 들여요.

버섯 오믈렛

이 요리는 생긴 모양 말고는
버섯과 전혀 상관이 없어요.
오믈렛이 가볍게 위로 부풀어 오르고,
가장자리는 프라이팬에서 떨어져요.
오믈렛은 먹음직스러운 버섯갓 모양처럼
점점 단단하게 형태를 잡아요.

- 달걀 3개 • 밀가루 3스푼
- 설탕 한 스푼 • 소금 한 꼬집
- 버터 한 스푼

달걀을 씻고, 노른자와 흰자를 분리해요.
숟가락이나 믹서를 이용하여 노른자와 설탕을 섞어요.
거기에 밀가루를 넣고 잘 섞어서 미끈한 반죽으로 만들어요.
흰자는 소금을 살짝 넣고 탄탄하게 거품을 친 다음, 조심스럽게 노른자 반죽과 섞어요.
큰 프라이팬에 버터를 녹인 다음 반죽을 프라이팬에 올리고 중간불로 구워요.
반죽이 익어서 가장자리가 프라이팬에서 떨어지기 시작하면, 조심스럽게 뒤집어요.
1~3분 정도 더 구워요(조심스럽게 가장자리를 들어 올려서 아래쪽이 노릇하게
익었는지 확인해요.). 접시에 구운 것을 펼쳐 놓고,
좋아하는 잼이나 과일 시럽과 함께 담아요.

나무버섯

나무버섯이라는 이름을 가진 버섯은 없어요. 나무버섯은 나무 위에서 돋아나는 모든 버섯을 가리키는 말이에요. 나무버섯 중에는 죽은 나무에서 자라는 버섯도 있지만, 살아있는 나무에 기생하여 살면서 그 나무를 약하게 만들고 해치는 버섯도 있어요. 그러나 "아주 해로운 버섯이잖아."라고 말하며 한숨을 쉬기 전에, 사람들이 오랜 시간 동안 나무버섯을 어떻게 활용해 왔는지를 보세요!

말굽버섯

자작나무와 너도밤나무 같은 활엽수가 있는 숲에서 자주 볼 수 있는 버섯이에요. **이 버섯의 갓은 지름이 무려 50센티미터가 되는 것도 있어요.** 윗면은 단단하고 깨지지 않는 껍질로 덮여 있고, 그 아래는 황갈색의 부드러운 섬유질이 있는데 사람들이 매우 유용하게 사용해요.

불쏘시개용 버섯

성냥이 만들어진 19세기 중반까지, 말굽버섯의 섬유질은 불을 붙이는 용도로 이용되었어요. 질산칼륨(질산은 비료 생산용으로도 이용되어요.)이나 소변에 섬유질을 적셔서, 가끔은 끓이거나 바로 말려서 분쇄를 하고, 그 다음에 돌 위에 올려 두었어요. 부싯돌이 가장 자주 이용되었어요. 불을 일으킬 수 있는 단단한 강철이나 황철석 조각으로 돌을 쳐요. 그때 발생한 불꽃은 말굽버섯에 떨어져 즉시 타기 시작했어요.

버섯 패션

나무에 기생하여 자라는 버섯의 섬유질 속살을 이용해서 질기고 예쁜 수제 펠트지를 만들어요. 모자와 가방도 만들 수 있지요. 승마용 바지를 만들어 입었던 때도 있어요.

응급용 버섯

말굽버섯의 섬유질은 경미한 출혈을 막는 데도 사용되었어요. 나무 망치로 잘 깨서 섬유질로 지혈용 마개나 붕대 모양으로 만들었어요. 그래서 말굽버섯은 **외과용 버섯**이라고 부르기도 했어요.

자작나무버섯

나무에 기생하여 사는 자작나무버섯은 수천 년 전부터 유용하게 쓰인 버섯이에요. 고대에는 버섯을 곰팡이가 핀 빵과 거미줄과 연결하여 상처 부위를 감는 붕대를 만들었어요. 오스트리아와 이탈리아의 국경 지역 알프스에서 발견된 **외치**라는 미라는 약 5천 년 전에 살았던 것으로 밝혀졌는데, 학자들은 그 미라 옆에서 자작나무버섯이 일부 발견되었으며, 불을 지피는 데 쓴 것으로 보인다고 설명했어요. 제2차 세계 대전 때는 자작나무버섯을 군용기의 고무마개 대신 사용하기도 했어요.

보호를 받는 약

자작나무에 기생하여 살고 있는 **차가버섯**은 수십 세기 전부터 러시아와 동유럽의 여러 나라에서 약으로서의 높은 가치를 인정받아 왔어요. 위궤양, 바이러스 질환, 당뇨병, 고혈압, 심지어 암까지 거의 모든 질환에 효과가 있는 것으로 알려졌어요. 차가버섯이 12세기 키예프 공국 모노마흐 황제의 입술에 생긴 종양을 치유했다는 일화가 있어요. 그러나 이 검정색 약 버섯을 숲에서 찾아 집에 가져가려면 허가증을 받아야 하는 나라도 있어요.

송로버섯

송로버섯(트러플)은 세계에서 가장 비싼 버섯이에요. 이 버섯에는 마법의 힘이 존재한다는 전설이 있어요. 프랑스의 나폴레옹은 연회를 열 때면 늘 이 버섯을 먹었다고 해요. 지금은 유명한 미술 작품 등이 거래되는 소더비 같은 대형 경매장에서 송로버섯의 경매가 이루어져요.

흑송로버섯
검은빛을 띠는 송로버섯을 검은 다이아몬드라고도 해요. 프랑스와 이탈리아의 숲속이나 재배지에서 자라요. 또한 뉴질랜드에서도 송로버섯을 재배해요.

여름송로버섯
백송로버섯이나 흑송로버섯처럼 맛있지는 않아요. 여름송로버섯은 강한 뿌리의 향기를 가지고 있어요. 다람쥐는 멀리서도 여름송로버섯을 감지할 수 있어요. 이 버섯은 다람쥐에게는 꿀맛이거든요!

돼지
돼지는 냄새를 잘 맡고, 송로버섯을 좋아해요. 그래서 오래전부터 땅속에서 자라고 있는 송로버섯을 찾기 위해서 돼지를 이용했어요. 버섯 채집가들은 돼지가 송로버섯을 찾아 땅을 파면 곧바로 돼지를 쫓아낼 수 있는 뛰어난 반사 신경을 가지고 있어야 했어요. 안 그러면 돼지 혼자 귀하고 맛난 버섯을 다 먹어 버릴 테니까요!

개는 돼지보다 송로버섯 사냥을 하기에 좀 더 좋아요. 뛰어난 후각을 가지고 있지만 버섯을 생으로 먹는 것을 좋아하지 않거든요.

개가 송로버섯을 찾으면 소시지처럼 개가 좋아하는 먹이를 주고 교환해요. 개를 훈련시키고 길들일 때는 주로 고르곤졸라 같은 치즈가 이용되고, 개는 땅을 파서 치즈를 조심스럽게 가져와야 해요. 송로버섯 찾기에 가장 완벽한 견종은 이탈리아의 **라고토 로마뇰로**예요. 이 개는 털이 복슬복슬한 개로 푸들과 친척이랍니다.

백송로버섯

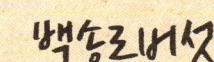

화이트 골드 혹은 피에몬테의 진실이라는 별명으로도 불려요. 왜냐하면 이탈리아에 있는 피에몬테에서 **가장 가격이 높은** 백송로버섯이 나왔기 때문이에요. 백송로버섯은 가장 비싼 버섯이자 최고급 버섯으로 미식가들에게 높은 평가를 받아요. 가장 비싼 것은 40만 달러 (약 4억 5천만 원)였어요!

송로버섯은

번개가 치는 장소에서 잘 자라요. '거꾸로 자라는 벼락' 이라고 부르는 사람들도 있을 정도예요.

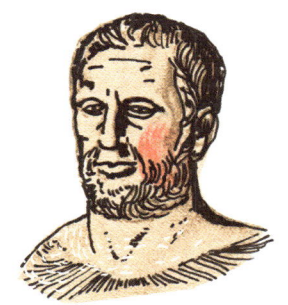

테오프라스트
(기원전 370-287년)

– 그리스 학자이자 철학자로, 유명한 철학가인 아리스토텔레스의 제자예요. 테오프라스트는 자연 철학을 연구하고, 식물을 관찰하여 500종 이상 기술해 놓았어요.

트러플이라는 이름의 고급 초콜릿이 있어요. 겉면에 카카오 가루가 뿌려진 찌그러진 공 모양의 이 초콜릿은, 프랑스의 유명한 요리사인 오귀스트 에스코피에가 1920년에 처음 만들었어요. 실수로 말이에요! 학생이 실수로 뜨거운 크림을 달걀 반죽이 아닌 액상 초콜릿이 담겨 있는 용기에 부었는데, 에스코피에는 크림과 초콜릿을 섞은 것이 굳어서 형태를 잡으면 맛있어진다는 것을 바로 알아냈어요.

향

송로버섯은 사향, 올리브, 초콜릿, 견과류와 은은한 마늘향이 나요. 손님들이 송로버섯의 풍부한 향을 느낄 수 있도록 종 모양의 유리 뚜껑으로 송로버섯 요리 접시를 덮어서 내오는 레스토랑도 있어요.

광대버섯

동화 속 난쟁이들이
이 버섯 집에서 살아요.
인디언들은 이 버섯을 색칠용
물감으로 이용했어요. 상처에 쓸
붕대를 만들기도 했고, 심지어
비누처럼 쓰기도 했답니다.
이 버섯의 환각 작용에 대해서는
루이스 캐럴의 소설
《이상한 나라의 앨리스》 앞쪽,
소녀가 커졌다가 작아졌다가 하는
부분에 소개가 되어 있어요.

시베리아의 주술사

이들은 3천 년 동안이나 환각 상태를 경험하고, 미래를 점치기 위해서 광대버섯을 이용했어요. 이 버섯으로 만든 음식을 먹으면 메스꺼움과 구토가 일었는데, 다른 포유동물의 위장 기관을 통과하게 되면 이러한 증상이 나타나지 않는다는 사실을 알았어요. 그래서 시베리아의 주술사들은 광대버섯을 좋아하는 순록이 버섯을 먹고 난 후에 순록의 오줌을 받아 마셨어요. 순록의 오줌을 마신 주술사의 오줌을 또 다른 주술사가 마셨고요. 이런 행동은 8번까지도 반복이 되었는데, 광대버섯에 있는 무스시몰이라는 환각 성분은 여전히 효력을 발휘할 정도로 강력했지요. 광대버섯은 시베리아에서 아주 귀한 버섯이며 버섯 한 개에 순록 4마리의 값어치를 지녀요.

광대버섯 비누

《 알광대버섯

알광대버섯은 어떤 식물보다도 강한 힘을 가지고 있어요. 작은 버섯 하나로 한 가족 모두를 죽일 수도 있거든요. 이 버섯은 아주 교활해요. 좋은 향기를 풍기고, 좋은 맛을 내거든요. 곤충과 달팽이들은 먹어도 아무렇지 않고요. 게다가 다른 식용 버섯인 송이버섯, 큰갓버섯, 식용 무당버섯, 양송이버섯과 헷갈리기 쉬워요.

광대버섯도
사람들에게 다양한 방법으로 도움이 돼요.

폴란드에서는 광대버섯을 파리를 잡는 데에 써요. 병에 넣은 달달한 우유로 파리를 유혹하고, 거기에 잘게 썰어 넣은 광대버섯이 파리를 잠들게 만들어 그대로 우유 속에 빠지게 하는 거죠.

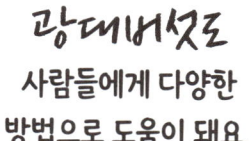

전쟁 직후에 류머티즘 환자들은 알코올 도수가 높은 술에 광대버섯을 넣은 담금주를 통증이 있는 부위에 발랐어요. 또한 광대버섯을 달여서 아픈 부위에 덮는 습포제를 만들기도 했어요.

약초학에서는 광대버섯을 알코올이 포함된 음료에 넣어서 설사약으로도 이용했어요. 불행히도 이 방법은 종종 환자를 죽음에 이르게 했어요.

광대버섯의 갓에 있는 하얀 점은 병 때문에 생긴 것은 아니에요. 독버섯이니 먹지 말라고 알려 주는 위험 신호도 아니고요. 많은 종류의 광대버섯이 바로 '알에서 부화해요.'

하얀 막을 조각내면서 버섯이 자라나요. 막의 남은 부분들은 종류에 따라 갓에 남아 점이 될 수도 있고, 그냥 무늬가 될 수도 있어요. 또한 버섯의 자루티가 되기도 해요.

모든 광대버섯이 독버섯은 아니에요!

광대버섯과의 버섯 중에는 식용 버섯도 많아요. 그중에서 가장 맛있는 것은 **민달걀버섯**이에요. 이미 고대 로마 시대부터 황제의 식탁에 올라가는 진미였고, 제왕버섯이라고도 불려요. 율리우스 카이사르와 굉장한 미식가였던 루쿨루스 장군의 연회에서는 이 버섯이 제공되었고, 지금도 남부 유럽에서는 즐겨 먹어요. 레몬주스와 함께 생으로 먹기도 해요. 조지아에서는 특수한 흙그릇에 구운 민달걀버섯을 아주 맛있는 음식으로 여겨요.

마법의 버섯 고리

해리포터가 기차를 타는 킹스크로스역의 9와 4분의 3 정거장도 아니고, 앨리스가 빠진 토끼굴도 아니고, 나니아로 가는 낡은 옷장도 아니에요. 바로 버섯들이 둥그런 모양으로 모여 자라서 만든 버섯고리(균륜)가 여러 문화권에서 다른 마법의 세계로 이동할 수 있는 문처럼 여겨졌어요.

용, 악마, 마법사

오스트리아 티롤 지방에서는 버섯고리가 용이 내뿜는 불이 닿아서 생긴 흔적이라고 여겼어요.

독일에서는 안식일이 되면 마법사들이 버섯고리가 있는 곳에서 모여서 열정적으로 춤을 춘다고 믿어요. 벼락이나 운석이 떨어져서 버섯고리가 생겼다고 믿는 사람들도 있어요.

네덜란드에서는 이곳이 악마들이 우유가 담긴 통을 세워 놓고 버터를 만들기 위해 휘휘 젓는 곳이라고 믿었어요.

줄로 묶인 버섯

이 기이한 고리는 나무 주위에 자주 생겨요. 보통 잔디밭에 생기는 것보다는 크기가 작아요. 나무의 뿌리가 고리를 마치 강아지의 목줄처럼 붙들고 있기 때문이에요. 만일 그 줄이 끊어지면, 버섯은 영양이 부족해져서 곧 죽어 버릴 거예요.

요정의 마을

영국에서는 이 기묘한 자연 현상을 요정의 고리라고 불러요. 지금도 달이 뜨는 밤이면, 이곳에 요정이 내려와 춤을 춘다고 믿는 사람도 있어요. 아일랜드에서는 무성하게 자란 산사나무 주변에서 이런 의식이 항상 벌어진다고 여겨요. 스코틀랜드에서는 요정들이 달빛 아래에서 파티를 열 때 버섯을 탁자로 쓴다고 생각해요. 웨일스에서는 줄을 지어 선 마법사들이 버섯을 우산처럼 사용하고, 요정의 고리 아래에는 요정들이나 엘프들이 사는 지하 마을이 있다고 생각했어요.

프랑스인은 버섯고리가 눈이 툭 튀어나온 괴물 두꺼비들이 다른 세상으로 건너가려고 하는 사람들에게 마법을 걸어서 이 자리를 지키고 있다고 믿었어요.

버섯고리의 수호자

버섯고리 안에 들어가기 위해서는 대가를 치러야 했어요. 유럽 각지에서 전해 내려오는 이야기들 속에는 만일 버섯고리 안쪽으로 들어가면 눈을 잃게 될 거라는 경고가 계속 나와요. 필리핀에서는 버섯고리 안으로 들어가려는 호기심 때문에 영혼을 빼앗길 수 있다고도 했지요. 그러나 버섯고리에 관련된 이야기들이 모두 불행으로 끝나는 것은 아니에요. 웨일스 사람들은 버섯고리가 농장 사람들과 동물들에게 풍작과 다산을 가져다준다고 믿었어요.

버섯고리의 진실은 무엇일까요?

생물학자들은 요정, 마법사, 두꺼비와 관련된 이야기를 듣고는 웃어요. 그리고 간단하게 설명을 해 주지요. 특정 종류의 갓이 있는 버섯의 균사체는 땅 아래에서 모든 방향으로 동시에 퍼져 나가면서 원을 이루어요. 그리고 버섯은 항상 가장자리에서 자라서 올라와요. 버섯고리의 지름이 몇십 미터 정도 되는 것은 특별하지도 않아요. 프랑스에 있는 가장 큰 버섯고리는 지름이 무려 600미터나 돼요! 자주싸리버섯, 송이버섯류, 낙엽버섯, 젖버섯 등이 버섯고리를 잘 만들어 내는 편이에요.

북아메리카

아메리칸 인디언들은 버섯을 먹고살았어요. 그러나 현재 미국인들은 버섯의 독에 중독될까 봐 두려워서 버섯을 채집하지 않는 편이에요. 그래서 미국의 숲에는 아름다운 그물버섯속이나 곰보버섯속이 가득하답니다. 그리고 이 지역에는 **이런 버섯들도 살아요.**

덕다리버섯
—이 버섯은 맛 때문에 숲의 닭고기라고 부르기도 해요. 미국인들은 이 버섯을 버터에 굽거나 쪄서 먹고, 사워크림과 토스트에 얹어서 먹어요.

턱수염버섯
—미국인들은 이 버섯을 고슴도치라고 불러요. 왜냐하면 버섯갓의 아랫부분에 바늘처럼 뾰족한 것이 있거든요. 어린 버섯이 가장 맛이 좋아요. 오래된 버섯은 신맛이나 쓴맛이 날 수 있어요.

맛있는 신그물버섯속의 아우레오볼레투스 프로옉텔루스

(*Aureoboletus projectellus*) 버섯의 포자는 배를 타고 미국 동부 해안에서 리투아니아 클라이페다까지 건너가게 되었어요. 그리고 그곳에서 다시 바람과 동물이 포자를 점점 서쪽으로 운반을 했고, 결국 폴란드와 독일까지 전해졌어요.

남아메리카

콜럼버스가 신대륙을 발견하기 전에, 남미 대륙에서는 종교 의식에 **독청버섯**이나 **환각버섯속**의 버섯을 사용하였어요. 이 버섯들은 그들의 신앙에서 중요한 요소로 자리 잡았고, 테오나나카틀이라는 신의 이름이 버섯에게 헌정되었어요.

아프리카

아프리카에 있는 많은 나라들의 정부 기관과 세계 보건 기구는 아프리카 대륙에 사는 사람들에게 버섯을 재배하여 먹게 하려고 노력하고 있어요. 그렇게 되면 기근 문제를 효과적으로 줄여 나갈 수 있을 테니까요. 현재 아프리카인들이 **가장 즐겨 먹는 버섯**은 바로…

꾀꼬리버섯
—아프리카에는 약 20종의 꾀꼬리버섯이 있어요. 동아프리카의 레스토랑에서는 지역 별미로 버섯 요리가 제공되곤 해요.

나라마다 다른, 버섯 따는 풍경

모든 지역과 국가에서 버섯을 채집하는 것은 아니에요.
- 심지어 어떤 나라에서는 버섯을 캐면 감옥에 잡혀갈 수도 있어요.

오스트리아 티롤 지방에서는 반드시 6월부터 9월까지만 버섯을 채집할 수 있고, 시간도 오전 7시부터 오후 7시까지로 정해져 있어요. 그리고 한 사람당 2킬로그램까지만 버섯을 따 갈 수 있어요. 영국에서는 1.5킬로그램 정도까지밖에 딸 수 없고요. 벨기에에서는 숲에 들어가 버섯을 따면 숲이 파괴된다고 하여 대부분의 지역에서는 길가에 있는 버섯만 딸 수 있어요. 이러한 규칙을 어기면 엄한 벌을 받게 된답니다.

그럼 유럽 말고 다른 대륙에서는 어떨까요?
버섯은 오스트레일리아에서도 자라고, 아프리카와 아메리카에서도 자라잖아요.

흰개미버섯속의 **테르미토마이세스 티타니쿠스**(Termitomyces titanicus) 버섯은 아프리카의 잠비아와 모잠비크에서 즐겨 먹는 버섯이에요. 이 버섯은 매우 크기 때문에 가죽끈과 나무 막대기로 많이 쓰여요. 이 버섯의 갓의 지름은 보통 50~60센티미터 정도나 되거든요!

이 버섯은 오직 흰개미가 서식하는 곳 주변에만 있고, 버섯은 흰개미에 의해 재배되어요.

젖버섯은 유럽의 버섯과 같지만 좀 더 크기가 클 뿐이에요. 버섯갓은 보통 크기가 접시만 하고, 버섯 사이로 캥거루가 뛰어 다닌답니다.

오스트레일리아

오스트레일리아에 사는 사람들은 버섯 채집을 무서워하는 편이에요. 그래서 잘 보면 바구니를 들고 숲을 돌아다니는 것은 폴란드, 체코, 슬로바키아, 러시아에서 온 이민자들이에요.

클라트루스 콜룸나투스
(*Clathrus columnatus*)는 바구니버섯속의 식용 버섯이에요. 버섯을 좋아하는 사람들은 이 버섯이 아직 어려서 달걀 모양을 하고 있을 때, 고루 돌려가면서 그릴에 구워 먹어요.

43

티벳의 황금

중국와 인도, 네팔의 국경 지역에 있는 티벳 고원에서는 수천 명의 사람들이 자그마하고 성냥개비처럼 가느다란 **동충하초**과의 버섯을 채집해요. 동충하초는 겨울에는 벌레였다가 여름에는 버섯이 된다 하여 이런 이름이 붙었어요. 중국 의학에서는 이 버섯을 수백 년 전부터 다루었고, 세계적으로 인기를 끌기 시작한 것은 그리 오래되지 않았어요. 그리고 깜짝 놀랄 만큼 비싸요!

이 버섯은 굉장히 가격이 비싸기 때문에 **티벳의 황금**이라고 부르기도 해요. 동충하초의 가격은 해가 갈수록 높아지고 있어요. 45년 전만 해도 1킬로그램에 2~4달러 정도였던 것이 25년 전에는 200달러, 지금은 무려 10만 달러(약 1억 1천만 원)에 달해요.

이미 15세기 때부터 동충하초는 위대한 보물로 기록되었어요. 중국인들은 이 버섯 몇 개만 차나 수프에 넣어 끓이거나 오리의 속에 넣고 구워 먹으면 요통, 천식, 결핵, 빈혈, 황달, 암, 에이즈와 같은 병을 낫게 할 수 있고, 심지어 머리카락이 빠져 대머리가 되는 것까지 막을 수 있다고 믿어요.

학자들은 지금까지도 동충하초가 실제로 병을 낫게 해 주고 면역력을 높여 주는지에 대해서는 명확히 밝히지 못했어요. 오히려 동충하초는 건강에 매우 해로운 곰팡이균을 포함하고 있는 것으로 밝혀졌지요. 그렇지만 사람들은 여전히 믿음을 가지고 있어요.

이 지역에서 **버섯을 채집할 수 있는 권리**에 대해 소동이 벌어지곤 해요. 소동은 자주 싸움으로 끝이 나고, 가끔은 살인까지 일어나기도 해요. 중국 공안은 허가를 받지 않고 버섯을 채집하는 밀렵꾼들을 잡기 위하여 도로에 초소를 세워 두기도 해요.

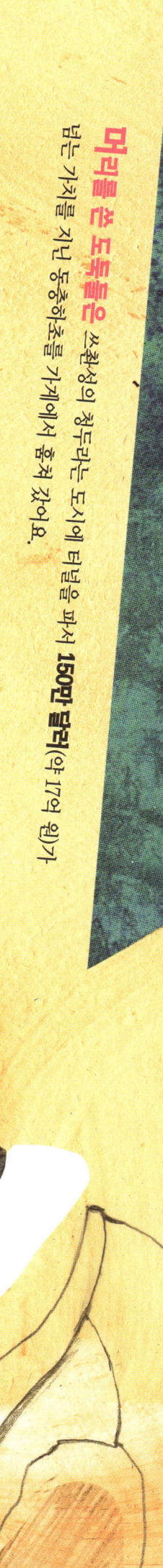

머리를 쓴 도둑들은 쓰촨성의 청두라는 도시에 터를 잡고 파서 150만 달러(약 17억 원)가 넘는 가치를 지닌 동충하초를 가게에서 훔쳐 갔어요.

동충하초의 가장 큰 거래 장소

중 하나는 중국의 스취현이에요. 중앙대로를 따라 수백 개의 가판대가 설치되어 있는데, 종이 상자나 바구니, 혹은 가지각색의 천 주머니에 동충하초가 담겨 있어요. 상인들은 버섯이 신선하고 탄탄한지 확인하기 위해 소형 저울, 돋보기, 특수 솔을 가지고 다녀요.

여기저기서 "너무 작아.", "너무 색이 칙칙해.", "이건 별로야!"라고 외쳐요. 그러나 이런 표현들은 그저 협상을 알리는 신호일 뿐이에요. 상인과 손님은 긴 옷자락 아래로 손가락을 이용하여 서로 은밀한 신호를 주고받고, 이런 방식으로 말을 하지 않고도 가격이 정해져요. 또한 소매에서 소매로 돈이 전달되지요. 상인들 중에는 심지어 승려들도 있어요. 종교는 동충하초를 채집하고 먹는 것은 금지하고 있지만, 판매하는 것은 막지 않거든요.

동충하초는 도매 시장에서

소매상점으로 가요. 그곳에는 엑스레이를 찍는 기계가 있어요. 가끔 동충하초들 속에 작은 쇠구슬을 넣어서 무게를 좀 더 무겁게 해 가격을 올려 받으려는 사기꾼들이 나타나기도 하거든요.

이것은 무엇일까요?

콤부차는 달달한 차로 만든 음료예요. 차에 며칠 동안 납작한 젤리 같은 것을 넣어 두는데 이를 **일본 버섯 혹은 홍차 버섯**이라고 불러요. 버섯 모양이라서 홍차 버섯이라고 부르는데 실제로는 균과 특별한 효모가 뭉쳐진 것이에요. 덕분에 차는 빠른 속도로 발효가 되기 시작하고 이 과정에서 탄산도 생겨요.

몸에 좋을까요? 나쁠까요?

콤부차는 고대 로마 시대에도 진정한 **건강의 명약**으로 인정받았어요. 피를 맑게 하고, 소화가 잘되도록 해 주고, 신체 기관의 면역력을 높여 주며, 혈압을 낮춰 주고, 위의 염증을 치료해 준다고 알려져 있어요. 그렇지만 너무 자주 마시는 것은 좋지 않아요. 며칠에 한 번 정도 작은 유리컵으로 한 잔을 마시면 나쁠 것이 없지만, 매일 콤부차를 마시면 메스꺼움, 호흡 곤란, 심지어 심장마비까지 일어날 수도 있어요.

발효 음료 콤부차

콤부차는 오렌지에이드나 콜라의 조상이라고 할 수 있는데, 집에서 만들어 먹을 수 있는 탄산음료예요. 지금은 아시아인들이 가장 즐겨 마시지만, 몇 십 년 전에는 유럽에서도 인기를 끌었어요.

크바스

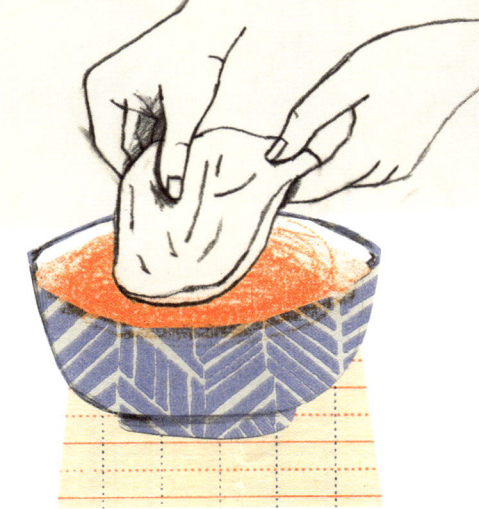

동유럽 국가 중 러시아, 리투아니아, 우크라이나 등지에서는 콤부차 대신 크바스라는 발효 음료가 아주 인기 많아요. 특히 무더운 날에 즐겨 찾는 음료예요. 크바스는 마른 통밀빵에 효모, 설탕, 물을 더해 만들어요. 크바스를 발효시키는 통에서 바로 따라서 팔기도 하고, 유리병에 담아 팔기도 해요. 어느 쪽이든 상쾌한 맛을 느낄 수 있어요.

집에서 콤부차를 어떻게 만들까요?

홍차 버섯은 인터넷 상점이나 일부 약재상, 유기농 상점에서 구매할 수 있어요.

1. 녹차나 홍차를 2~3리터 정도 끓여요.

2. 설탕을 티스푼으로 몇 스푼 넣어요.

3. 차를 망에 걸러 폭이 넓고 깊은 그릇에 부어요. 필요에 따라서 끓여 둔 물을 조금 더 부어도 됩니다. 그릇을 가득 채우지 말고, 위에서 4~5센티미터 정도 여유를 남겨요.

4. 차가 실온과 비슷하게 식으면, 와인식초 1~2스푼이나 발효 스타터라고 불리는, 이전에 만들어 두었다가 남은 콤부차(이것은 보통 홍차 버섯과 함께 병에 담아 팔아요.)를 넣어요.

5. 홍차 버섯의 매끈한 쪽이 위를 향하도록 윗부분에 얹어요.

6. 그릇을 거즈나 리넨으로 덮어요. 그리고 고무줄이나 끈으로 묶어 봉해요.

7. 그릇을 어둡고 따뜻한 곳으로 옮겨요. 음식이나 실내 식물과 거리를 둔 곳에서 7~12일 정도 놔두어요.

8. 윗부분의 홍차 버섯을 제거해요. 홍차 버섯의 윗부분은 또다시 콤부차를 만드는 데 사용할 수 있으므로, 필요한 경우에는 너무 날카롭지 않은 칼로 조심스럽게 분리해요.

9. 콤부차를 체나 천에 걸러 작은 병에 담아요. 만일 과일 맛을 살짝 내고 싶다면, 좋아하는 맛의 주스를 조금 첨가해요.

10. 그 상태로 2~3일 정도 다른 곳에 놓아두면 완성이에요.

균으로 가득 찬

프실로지베 세밀란제아타
Psilocybe semilanceata

유럽에서 가장 흔히 볼 수 있는 환각버섯이에요. 폴란드에서는 이 버섯을 채집, 소지, 거래하는 것이 금지되어 있어요. 영국 런던의 임페리얼 공대 학자들은 이 버섯에 있는 성분인 실로시빈을 중증 우울증 치료에 이용하려고 했어요. 초기 연구에는 최소 8년 이상 우울증을 앓고, 다양한 약을 복용해 보았으며 심리 치료를 받았던 사람들이 실험에 참여했어요. 결과는 가능성이 있어 보였어요. 12명의 피실험자 중 8명이 최소 일주일간 우울 증상이 가라앉았어요. 그리고 5명의 환자는 이 약물을 복용한 후에 석 달간 증세를 보이지 않았어요.

톨뤼포클라디움 인플라툼
Tolypocladium inflatum

노르웨이에서 온 토양의 샘플에서 최초로 발견되었어요. 여기서는 사이클로스포린이라는 성분을 얻어 냈어요. 이 성분은 현재 몸의 방어 반응을 둔화시키는 약에 이용되고 있어요. 특히 이식 수술을 할 때 꼭 필요한데, 사이클로스포린이 없이는 새로운 심장이나 신장이 이물질로 인식되어 몸에서 거부 반응이 생길 수도 있어요.

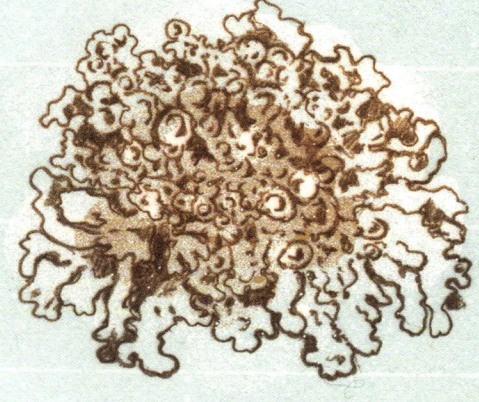

오렌지 지의류

오렌지 지의류는 항균 작용을 해요. 의사들은 이 생물을 이용하여 독감 종류나 다른 바이러스성 질환을 치료할 수 있게 되길 기대하고 있어요.

맥각균

이 균의 휴면 형태는 건조하고 낮은 온도에서 생존할 수 있도록 도움을 주어요. 이러한 모양을 바로 맥각이라고 불러요. 여기에서 봄이 되면 주로 곡물을 공격하는 포자가 생성돼요. 맥각균은 농부들에게는 큰 불편함을 안겨 주지만, 의사들은 수세기 전부터 이 균을 이용하고 있어요. 특히 출혈을 막고 혈압을 낮추는 용도로 사용돼요.

잎새버섯

미국과 아시아, 유럽에서 암 치료제나 에이즈 치료약으로 활용되고 있어요. 베타 글루칸이라는 성분이 포함되어 있어서 면역 세포의 활동을 활발하게 해요. 또한 혈압을 조절하고, 당수치와 콜레스테롤을 조절하기도 해요.

약국

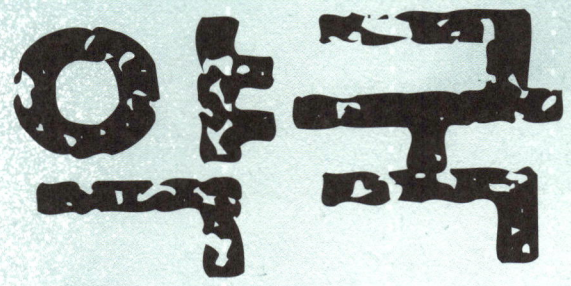

자연이 **페니실린**을 만들었고, 나는 발견했을 뿐입니다.

균 덕분에 폐렴을 치료하고 심장이나 간 이식을 할 수도 있어요. 하지만 약을 사면서도 그 속에 균에 의해 생산된 성분이 포함되어 있다는 사실을 알지 못하는 경우가 많아요!

우연이 만든 노벨상

스코틀랜드의 미생물학자인 **알렉산더 플레밍**은 런던에 있는 자신의 연구실에서 박테리아를 가지고 실험을 했어요. 1928년에 플레밍은 발견한 샘플을 내버려 둔 채 3주간 휴가를 떠났어요. 휴가에서 돌아와서 한 접시에서 곰팡이를 발견했고, 그 주변 박테리아가 파괴되어 있다는 사실을 알게 되었어요.

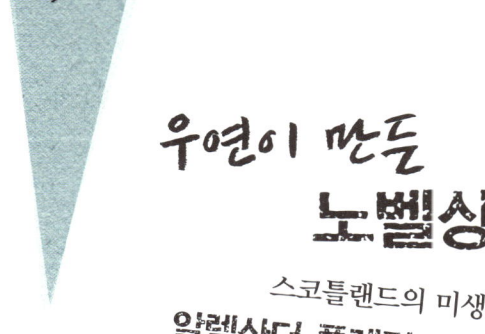

플레밍은 박테리아와 맞서 싸운 곰팡이에 대해 연구하기 시작했어요.
연구 결과, 페니실리움이라는 특정한 균종에서 나왔다는 게 밝혀졌어요.
박테리아를 살균하는 물질을 **페니실린**이라고 이름 붙이게 되었고, 첫 번째 항생제가 되었어요.
알렉산더 플레밍은 이 성분을 발견한 덕분에 노벨상을 받았습니다.

곰팡이 균 배양하기

필요한 준비물
- 식빵 4조각
- 플라스틱 용기 2개
- 종이봉투
- 비닐봉지

곰팡이를 본 적이 있나요?

토마토나 딸기에 생긴 것 말이에요.
분명 전날만 해도 신선해 보였는데
곰팡이가 피어서 깜짝 놀랐던 적이 있을 거예요.
곰팡이는 정말로 눈 깜짝할 사이에
퍼져 나가요. 하나의 포자낭이 5만 개의 포자를
가질 수 있고, 각각의 포자낭은 며칠 동안
수백만 개의 포자를 만들어 낼 수 있어요!

어떤 조건에서 곰팡이가 빨리 피는지
집에서 실험해 볼 수 있어요.

대체 무슨 균인가요?

보통 빵에 생기는 대표적인 곰팡이는 바로 **빵곰팡이** 예요.
빵곰팡이는 검게 퍼져 나가는데, 아마 이번 실험의 최종 단계에서 보게 될 거예요.
상한 과일이나 채소에서도 이 곰팡이를 볼 수 있어요.
길고 흰색의 가는 실 모양 위에 검은색 또는 갈색 포자낭의 점이 생겨난 것을 보면
알아볼 수 있어요. 이러한 곰팡이가 생긴 식품은 **절대 먹어서는 안 돼요!**
이 곰팡이에는 독이 있는데, 중독이나 알레르기를 일으킬 뿐만 아니라
면역계를 약화시키고 암을 일으키기도 해요!

보호해 주는 곰팡이

곰팡이를 두려워하지 말아요. '치즈'의 균은 인체에 무해하고, 항균 작용을 하기도 해요. 유명한 치즈들은 자신을 열심히 지켜 주는 곰팡이를 가지고 있는데, 이름을 들으면 어떤 치즈를 돌보고 있는지 바로 알 수 있어요. **페니실리움 카망베르티**는 카망베르 치즈를 덮고 있고, **로크포르** 치즈에 있는, 실이 엉킨 듯한 무늬는 바로 **페니실리움 로크포르티**가 만들어 낸 거예요.

곰팡이 치즈의 종류

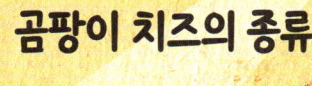

1. 흰 곰팡이 치즈

하얗고 솜털 같은 곰팡이균이 치즈를 덮고 있어요. 흰 곰팡이균을 주사기로 주입한 다음, 가는 소금을 뿌리고 건조 보존해요. 몇 주 동안 숙성시키는데, 숙성되는 동안 곰팡이가 고루 성장할 수 있도록 치즈의 방향을 돌려 주어야 해요. 이렇게 만드는 치즈 중에 가장 유명한 것이 바로 **카망베르 치즈**예요. 카망베르라는 이름은 프랑스의 노르망디에 있는 마을 이름을 딴 것이에요. 프랑스 혁명이 일어났을 당시 **마리 아렐**이라는 농부가 브리에서 온 성직자가 은신하는 것을 도와주었어요. 성직자는 고마움에 보답하기 위해 마리에게 흰 곰팡이가 있는 치즈를 만드는 방법을 가르쳐 주었어요. 마리는 이 치즈를 카망베르에 있는 시장에서 판매하기 시작했고, 치즈는 빠른 속도로 유명해지기 시작했어요. 마을에서 조금 떨어진 곳에는 심지어 마리의 동상도 세워져 있어요!

치즈 곰팡이

치즈 곰팡이는 어디서 왔을까요? 치즈 곰팡이는 오래되어서 생긴 것이 아니에요. **치즈를 만드는 사람**의 엄격한 통제와 감독 아래 '고귀한 부패 현상'을 일으키는 곰팡이가 덮인 거랍니다.

2.
푸른곰팡이 치즈

치즈 속에 하늘색이나 초록색의 균망이 형성되어 있어요. 균사의 생장을 위하여 우유에 푸른곰팡이균을 추가하고, 그 다음에 안쪽까지 공기가 들어갈 수 있도록 바늘로 치즈에 구멍을 내요. 공기와의 접촉이 없으면 곰팡이가 생기지 않으니까요.

낙타 아니면 순록?

곰팡이가 있는 치즈는 보통 젖소의 젖, 양젖, 염소젖으로 만들어요. 하지만 이탈리아와 인도에서는 물소의 젖으로 곰팡이 치즈를 만들고, 핀란드에서는 순록의 젖을 이용해서 치즈를 만들어요. 그리고 아랍 국가들에서는 낙타의 젖을 이용한답니다!

이러한 치즈 중 가장 유명하고 오래된 것은 **로크포르 치즈**예요. 이 치즈는 200년 이상 치즈의 왕으로 불려 왔어요. 고대 로마인들도 로크포르 치즈를 먹었는데, 플리니우스가 쓴 《박물지》라는 책에도 언급되어 있어요. 전해 오는 이야기에 따르면 잘 숙성된 최초의 로크포르 치즈는 목동이 맛을 보았어요. 목동은 먹다 남은 치즈를 습하고 시원한 굴에 숨겨 두었고, 몇 주가 지나서야 치즈를 숨겨 두었던 사실이 떠올랐어요. 맛을 본 목동은 감탄을 했지요. 지금까지도 프랑스 로크포르 쉬르 술종 지방 근처에 있는 동굴에서 약 7도의 온도에서 숙성시킨 것을 진짜 로크포르라고 해요. 로크포르의 동생은 **고르곤졸라 치즈**예요. 이 치즈는 이탈리아 북부 지역에서 온 푸른곰팡이 치즈예요. 이 치즈는 879년부터 이탈리아의 밀라노 근처에 있는 고르곤졸라 지역에서 생산되고 있어요.

3.
산양유 치즈

말랑하고 부드러운, 산양 젖으로 만든 치즈로, 발라서 먹는 페이스트와 비슷해요. 치즈를 썰 때도 흐물흐물해요. 으깬 치즈를 따뜻한 곳에 2주간 방치해 두면, **오이디움 락티스**(Oidium lactis)라는 흰 곰팡이균이 활동을 시작해요. 이러한 방식으로 만들어진 치즈 중 가장 인기가 많은 것은 브린자 치즈이며, 폴란드, 루마니아, 러시아, 오스트리아, 체코 등의 산간 지방에서 많은 사랑을 받고 있어요.

맛있는
베리 케이크

마치 털곰팡이가 덮여 있는 것처럼 생겼지만
맛있고 정말 만들기 쉬운 케이크예요.

재 료

밀가루 3컵 / 달걀 5개 / 버터 250g
설탕 1컵 / 베이킹파우더 2분의 1 티스푼 / 바닐라 설탕 2분의 1 티스푼
새콤한 잼 한 병(250~300g) / 코코아 2스푼 / 소금 한 꼬집

씻은 달걀을 깨서 흰자와 노른자를 큰 그릇에 분리해 넣어요.
설탕의 반을 노른자와 함께 섞고 버터를 넣은 후에, 반죽이 미끈하고 폭신해질 때까지 잘 저어요.
반죽용 도마를 바닥에 두고, 소금을 섞은 밀가루와 바닐라 설탕, 베이킹파우더를 체에 걸러요.
밀가루에 버터와 노른자를 섞은 반죽을 보태고, 손으로 반죽해요. 케이크 반죽을 3등분으로 나눠요.
그중 하나에는 코코아를 추가로 넣고, 어두운 색이 될 때까지 섞어요.

반죽덩어리들을 각각 포일에 싸서 한 시간 정도 냉장고에 넣어 두어요.
케이크 틀에 종이 포일을 깔고 밝은 색 반죽덩어리 하나를 바닥이 덮일 정도로
강판에 굵게 갈아요. 거기에 잼을 올려요. 그 다음에 냉장고에서 바로 꺼낸
어두운 색 반죽을 강판에 갈아요.

소금 한 꼬집을 넣고 흰자의 거품을 내요. 거품이 단단해지면, 계속 흰자의 거품을
내면서 남은 설탕을 조금씩 넣어요. 그 거품을 아까 갈아서 쌓아 둔 어두운 색 케이크 위에 올려요.
하나 남은 밝은 색 반죽 덩어리를 강판에 갈아 케이크 표면 위에 올려요. 180도로 예열된
오븐에 넣고, 45~50분 정도 구워요.

효모의 급속한 성장

효모는 단순한,
단세포 균류예요.
효모가 없이는 수많은 맛있는
음식들도 만들어 낼 수 없어요.
아주 오래전 고대에 발견되었는데,
이 효모균 덕분에 술도 만들고
폭신한 빵도 만들 수 있었어요.

증식하는 작은 효모균

효모는 당분을 먹고살고 따뜻한 것을 좋아해요. 조건이 갖춰지면 잘 성장하고 깜짝 놀랄 만큼 빠르게 증식을 통해 자라나요. 측면에서 작은 돌기가 빠져 나오고, 바로 이런 개체가 분열되고 유전적으로 동일한 세포로 성장하게 되어요. 효모는 빠르게 성장하고 계속하여 개체를 늘려 가요. 효모는 성장하면서 이산화탄소 같은 가스를 분출해 내요. 바로 우리가 먹는 빵이 효모가 예쁘게 성장하여 통통하게 부풀어 오르게 해 준 것이에요. 반죽에 생기는 구멍은 당분이 발효되는 동안 효모에 의해서 만들어진 이산화탄소 기포예요. 빵에서 빠져 나오지 못한 가스는 나가기 위해 사방으로 반죽을 밀어 내고, 이렇게 해서 빵이 부풀어 오르는 거랍니다.

효모의 나쁜 면

효모는 맛있는 음식을 만들 수 있도록 도움을 주지만, 식품을 손상시킬 수도 있어요. 효모는 유리병 속에서 성장하면서 잼이나 청, 꿀에 있는 당을 분해시켜요. 그러고는 알코올 성분으로 바꾸어 버리지요. 채소를 식초에 절여 둔 병에서는 효모가 산을 망가뜨려서 절인 오이나 양배추의 맛이 없어져요. 사워크림이나 맥주, 와인의 경우에는 막을 생성하기도 해요. 또한 버터에서 쓴맛이 나게 만들기도 하고, 육류 가공품에 서리가 내린 것처럼 하얗게 덮어 버리기도 해요. **이런 효모는 멀리하는 게 좋아요!**

케피어 효모라는 균종이 없었더라면 발효유인 케피어도 없었을 거예요. 여러 가지 종류의 젖산균과 아세트산균이 함께 케피어 입자를 만들어 내는데, 그 모습은 마치 작은 콜리플라워와 비슷해요. 여기에 우유를 넣으면 유산균이 증식되고, 24시간 이내에 맛있고 몸에 좋은 케피어로 변해요.

효모는 가스를 발생시킬 뿐만 아니라, **알코올** 성분도 함께 만들어요. 덕분에 폴란드와 리투아니아에서 인기가 있는 증류주가 탄생할 수 있었어요. 이 음료는 탄산이 있는 무알코올 음료에 효모와 맥아를 끓인 물을 넣고 만들어요.

건강에는…

효모에는 미네랄, 비타민(특히 비타민 B군), 아미노산이 풍부해요. 힘들게 일하는 수갑 노동자들(예를 들어 채석장에서 일하는)이 힘을 얻기 위해 효모를 먹었어요. 지금은 채식주의자들이 효모를 허브와 섞거나 살짝 튀긴 양파나 고형 치즈와 섞어서 빵에 발라 먹어요. 효모에 포함되어 있는 비타민 B12는 육식을 하지 않는 사람들에게 부족하기 쉬운 철의 흡수를 도와주거든요.

미용에는…

효모와 물을 섞거나 효모와 우유를 섞어서 걸쭉한 팩을 만들어요. 이것은 세대를 거쳐 오면서 여드름이나 다른 피부의 문제들을 해결하는 데 도움이 되는 것으로 검증되었어요. 특히 피부 트러블로 고민하는 십대 사춘기 학생들에게 좋아요. 효모팩은 약해지고 쉽게 빠지는 머리카락에도 바를 수 있어요. 효모의 성분 덕분에 머리카락은 윤기를 되찾고 정상으로 돌아올 수 있어요.

풍선 모양을 바꿀 수 있는 병

식료품점에서 쉽게 구할 수 있는
효모는 많은 양의 가스를 발생시키는데,
그 가스로 풍선을 불 수도 있어요.
못 믿겠다고요? 그럼 실험을 해 보세요!

필요한 것
- 약 300ml 용량의 빈 유리병
- 따뜻한 물 효모 3봉지 1조각
- 설탕 2스푼 풍선
- 큰 그릇이나 속이 깊은 접시

유리병에 설탕을 뿌려 넣어요.

주의!

그릇이 물과 유리병의 물은 적당히 따뜻해야 해요. 물에 손가락을 담가 봤을 때 뜨거우면 효모가 죽을 수 있고, 그렇게 되면 효모가 이산화탄소를 발생시키지 못해요.

2. 효모를 으깨어 병에 넣고, 설탕과 잘 섞이도록 조심스럽게 흔들어요.

3. 따뜻하지만 뜨겁지는 않은 물을 병에 한 스푼 넣어요. 그리고 조심스럽게 섞어요.

4. 따뜻한 물로 병을 반쯤 채워요.

5. 손바닥으로 병의 입구를 막고, 병 속의 내용물이 섞이도록 잘 흔들어요.

6. 병의 입구에 풍선을 끼워요.

7. 큰 그릇에 따뜻한 물을 붓고, 그 가운데에 병을 놓아요. 만일 그릇에 물이 너무 많다면 병이 물에 둥둥 뜰 수도 있으니 조심해야 해요. 그러면 실험이 실패할 수도 있어요.

풍선을 관찰해요. 20~30분 정도가 지나면 이미 부풀어 올라 있을 거예요.

현상수배

균은 사람의 몸에서 좋지 않은 일도 많이 해요. 매일 의사들이 세계 곳곳에서 싸워야만 하는, 사람 몸에서 가장 큰 범죄자예요.

죽느냐 사느냐!

곰

하얀 눈처럼 떨어지는 비듬
머리에서 떨어져 옷깃이나
어깨에 쌓이는 하얀 눈은
두피의 껍질이 벗겨진 것이에요.
누구나 두피가 벗겨질 수 있지만,
보통 사람들보다 더 빠르고
집중적으로 벗겨지는 사람들도
있어요. 이러한 현상을 발생시키는
가장 큰 원인균은 말라세시아균이에요.
수백만 균이 두피에 살면서
피지선을 통해 분비되는
피지를 먹고살아요.

말라세시아균
혐의: 두피의 비듬을 발생시켜요.
공격: 전 세계 인구의 절반 이상이 가지고 있는
균이에요. 여자보다는 남자에게서 더 많이
발생해요. 남자에게 피지선이 좀 더
많기 때문이에요.

백선균속과 소포자균속
혐의: 두피에 곰팡이균(진균)을 발생시켜요.
속눈썹이나 눈썹에서도 생길 수 있어요.
공격: 어린이들에게 가장 쉽게 균이 옮을 수 있어요.
개나 고양이 등 낯선 동물들을
쓰다듬거나 껴안을 때 조심해야 해요.

칸디다 알비칸스
혐의: 곰팡이균인 칸디다균을 유발해요.
전신에 퍼질 수 있어요.
공격: 당뇨병을 앓고 있거나 긴 투병으로 쇠약해졌을 때,
수술 후, 항생제 치료를 받은 후나 화학 요법 치료를 받아 온 사람이
손쉬운 공격의 대상이 되어요.

칸디다 알비칸스는
자연 발생하는
균의 하나로, 많은 사람들의
대장에서 생겨요. 문제는 균이
빠르게 증식하며, 다른
소화 기관으로 옮겨 가면
곤란해진다는 점이에요.

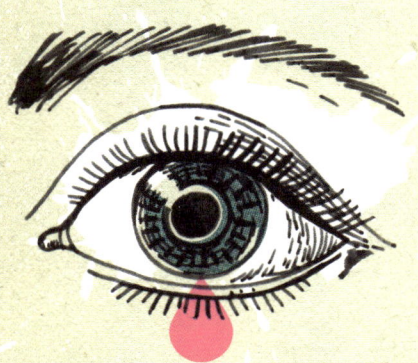

누룩곰팡이속
혐의: 호흡기에 영향을 주는
아스페르길루스균을 유발시켜요.
균은 혈관이나 다른 신체 기관에도 침투할 수 있어요.
공격: 실내에서 기르는 식물류와 습한 공간의 벽에서
발생하고, 사람이 호흡을 통해 포자를
들이마시게 되어요.

백선균
혐의: 손발톱에 생기는 곰팡이 감염 질환의 70퍼센트,
발에 생기는 곰팡이 질환의 60퍼센트를 일으켜요.
공격: 따뜻하고 습한 환경에서 잘 발생해요.
수영장, 사우나, 신발, 양말,
발 매트 등에서 생겨요.

61

뱀처럼

보아뱀은 습격한 대상을 자신의 몸을 이용하여 눌러서 질식시켜요. 포충균목 (Zoopagales)도 이와 비슷한데, 이 균들은 세 개의 핵고리를 만들고 선형동물이 가운데로 들어오면 고리가 조여들기 시작해요. 그런 방식으로 대상을 꼼짝하지 못하게 만들고 며칠이면 완전히 소화시켜 버려요. 선충포획성 곰팡이인 드렉슬레렐라 (Drechslerella)도 비슷한 방법으로 사냥을 해요. 자실체는 아주 순수한 흰색이나 오렌지색의 오목한 그릇같이 생겼어요. 그 속으로 의식이 없는 희생양이 들어가지요.

고양이 처럼

고양이는 쥐를 구석으로 몰아서 쥐가 도망갈 곳이 없도록 만들어 버려요. 선충포획성속의 올리고스포라 (Arthrobotrys oligospora)와 같은 토양균도 고양이와 비슷한 행동을 보여요. 아주 작은 선충류와 아메바 같은 무척추동물에 특수한 덫을 쳐요. 그때 선충류는 이미 그물에 떨어져서, 균사가 그 안쪽에서 자라나고 그 속에서 희생양을 섭취합니다.

왜가리 처럼

녹색 왜가리는 미끼를 던져 물고기를 잡아요. 영리한 새는 수면에 음식 부스러기, 잎사귀, 전에 사냥해 뒀던 자그마한 물고기를 가져다 둬요. 그러다가 물고기가 수면 가까이 올라와서 헤엄치고 있으면 잡아먹어요. 진균인 조오파구스 (Zoophagus)는 로티퍼라고 하는 투명한 윤형동물을 비슷한 방법으로 사냥해요. 입 부위를 부풀려서 마비를 시키는 미끼를 윤형동물에게 던져요. 진균은 그렇게 움직이지 못하게 된 윤형동물을 거뜬하게 빨리 소화시킬 수 있어요.

포획성 균

포획성 균은 발톱도 없고 날카로운 송곳니나 침도 없어요. 그러나 어떤 균은 정말 사나운 포식자 같아요! 사냥 기술을 보면 마치 고양이나 전갈, 뱀, 카멜레온을 연상시킨답니다.

카멜레온처럼

카멜레온은 끈끈한 혀를 이용해서 사냥감을 오랫동안 붙들고 있어요. 혀가 없는 포획성 균은 모래시계 모양의 끈적거리는 세포로 사냥감을 잡아요.

선충류 찾아내기

덫을 만드는 것은 균에게는 에너지를 모두 빼앗길 정도로 힘든 일이에요. 그래서 아무 때나 만들지 않아요. 오직 선충류가 가까이 있다는 확신이 있을 때만 만들지요. 하지만 그걸 어떻게 알 수 있을까요? 균들은 귀도 없고, 냄새도 맡지 못하는데 말이지요.

폴 스턴버그 교수
(캘리포니아 공과대)

균들은 선충류가 서르 소통하는 화학적인 정보를 프착해요. 다양한 종의 균들은 각기 다른 신호에 반응해요. 그래서 선충류들이 소통하는 '언어'를 인식하는 것이 가능해요.

전갈 처럼

전갈은 사냥감에게 독을 퍼뜨려요. 우리가 잘 알고 좋아하는 느타리버섯도 똑같은 행동을 보이지요. 선충류를 사냥할 때 독을 이용하여 먹잇감이 움직이지 못하게 만들어요. 그리고 사냥감을 휘감아 그 속으로 침투해요. 24시간이면 선충류가 완전히 소화되기에 충분해요.

엔토몹토라 무셰
(*Entomophthora muscae*)

이 균은 보통 집에서 파리 사냥을 해요. 어떻게 하는 걸까요! 이 균은 전문적인 방어용 무기를 가지고 정확한 계획을 실행하는 숙련된 사냥꾼이에요. 처음에는 자신의 줄기에서 끈적하고 동그란 포자를 총알처럼 던져요. 그것이 떨어지는 곳에는 포자들이 더 많이 번식해요. 결국 그중 하나가 파리에 닿으면 싹을 틔우고, 키틴질로 된 파리의 껍질을 녹이고, 생겨난 구멍을 통해서 몸속으로 파고들어요. 발달 중인 균사는 파리를 48시간 이내에 죽여요. 만일 창문이나 어떤 가구에서 하얀 광채가 나는 것에 덮여 있는 파리를 발견한다면, 아마도 바로 이 균이 파리를 죽이고 있는 것일 거예요. 이 광채는 균의 포자에서 발생하는 빛이에요.

엔토몹토라 무셰는 파리뿐만 아니라 큰 곤충도 사냥할 수 있어요.

어떤 동충하초는 파리, 나비 등의 유충이나 애벌레에 기생하여 이름답고 다채로운 모양의 버섯을 만들어요. 벌포식동충하초는 큰 벌에 맨발에 만드는 동충하초예요.

벌포식동충하초

벌레에 자라는 동충하초

12세 조류? 아뇨, 지의류예요

지구상의 균류 다섯 개 중 하나는 지의류예요.
지의류는 이미 4억 년 전부터 이 세상에
존재했어요. 빙하와 만년설이 덮여 있는
곳만 빼고는 어디서든 지의류가 생겨나요.
심지어 아주 높은 산이나 사막,
초원에서도 볼 수가 있어요.
왜냐하면 지의류는 물이 없어도 살 수가
있거든요. 지의류는 공기 중의 수분을
빨아들이는 것만으로도 충분해요.
지의류는 진흙땅과 나무, 돌에서도 자라고,
벽돌이 쌓인 벽, 금속으로 된 문,
높은 지붕 위에서도 자라요.

오렌지 지의류
가장 잘 알려진
지의류의 한 종류로 오염에
가장 잘 견디는 지의류 중 하나예요.
남극 대륙을 제외한 모든 대륙에서
서식합니다.

꽃이끼
이 지의류는
순록의 주식이에요.

지의류라는 것은 진짜 무엇일까요?

지의류는 균계에 속하지만 연결된 미세 조류가 없다면 존재하지 못할 거예요. 지의류는 미세 조류의 세포와 균의 균사로 만들어져요. 균은 땅에 박혀 서 있는 한 구성 요소가 되어 미세 조류를 위한 수분과 무기 나트륨을 빨아들여요. 한편 미세 조류는 광합성을 잘하기 때문에, 태양 에너지를 영양분으로 바꾸어 이것을 균과 함께 나누어 사용해요.

사려 깊은 재배자 혹은 노예의 관리자

균과 미세 조류 간에 이루어지는 이러한 협력을 자연에서는 공생이라고 말해요. 바로 그 덕분에 지의류들이 아주 열악한 조건 아래에서도 자랄 수 있는 것이지요. 실제로 상호 협력하는 관계라고 할 수는 없어요. 미세 조류가 균에 종속된 관계예요. 좋게 말하면 균은 마음이 넓은 재배자 정도가 되는 것이고, 나쁘게 말하면 미세 조류에게 열심히 광합성을 하라고 지시를 내리는, 노예들의 주인이라고 할 수 있겠지요.

미세 조류를 태양을 향해 두세요

단일 형태의 구조를 가진 지의류들의 균사는 엽상체의 둘레 전체에 균등하게 미세 조류의 세포와 섞여 있어요. 그 외의 지의류들은 단계별로 구조를 이루고 있어요. 균사는 윗부분과 아랫부분, 그리고 미세 조류는 가장 많은 빛을 받을 수 있도록 바로 상단 아래에 붙어 있어요.

지의류를 다루는 학자를 지의류학자라고 해요. 지의류학자들은 학술지도 내고, 새벽부터 밤늦게까지 지의류에 대해 토론을 하고 의견을 교환하는 국제회의를 개최해요. 지의류학은 생물학과에서 공부할 수 있어요.

지의류는 진실을 말해 줍니다

생물학자들은 조심스럽게 지의류를 관찰해요. 매우 흥미로운 유기체라서 그런 것만은 아니에요. 지의류 관찰을 통해 아무런 측정 장비가 없이도 신속하게 숲의 상태가 어떠한지 파악할 수 있어요. 숲 주변의 공기가 깨끗한지에 대해서도 구체적으로 알 수 있어요. 지의류는 공기 오염에 예민한데 특히나 이산화황에 민감해요. 만일 지의류가 잘 자라고 선명한 색을 띠고 사방으로 퍼져 자라고 있다면, 이것은 숲과 공기가 아주 좋은 상태라는 것을 알려 주는 신호랍니다.

그래서 지의류를 상태를 알려 주는 식물이라는 의미로 **생물 지표**라고 불러요. 생물학자들은 심지어 특별한 지의류 지표를 만들었어요. 환경 조사관은 나무를 보면서 그 장소의 공기 질이 어떠한지 확인하기 위해서 지의류 지표를 사용할 수 있어요. 원리는 간단해요. 더 예쁘게 성장한 지의류가 있는 곳일수록 공기가 더 안전하고 깨끗해요.

한밤의 유혹자

말뚝버섯은 오직 밤에만 생장을 해요.
버섯이 크는 모습을 직접 볼 수 있어요.
초기에는 버섯 자루의 것이 달걀처럼 생긴
알 같은 것에 가려져 있어요. 부풀어, 그러다
어느 순간에 피면 달걀이 부풀기 시작해요.
항상 밤에요, 조그만들이 있던 자루는 마지
막 수증처럼 잡자기 15센티미터 정도가 크
시작해요. 자루가 작은 것이 밑바탕 데
똑바기에서 길고 섬세한 곳자맞에 빠져 나와요.
그리고 나면 말뚝버섯이 포자를 퍼뜨려 중응을
유혹하기 위해서 시들대요. 파리를 부르는
향기를 퍼뜨리고 '봄을 지고서' 빛으로
야행성 동물들을 불러 모은답니다.

도와 *대신* 버섯

지구상에는 수십 통의 빛을 내는
버섯이 있어요. 대부분 열대 지방에서 자라지만,
유럽이나 미국의 숲에서도 신비롭고
환상적인 빛을 볼 수 있어요.

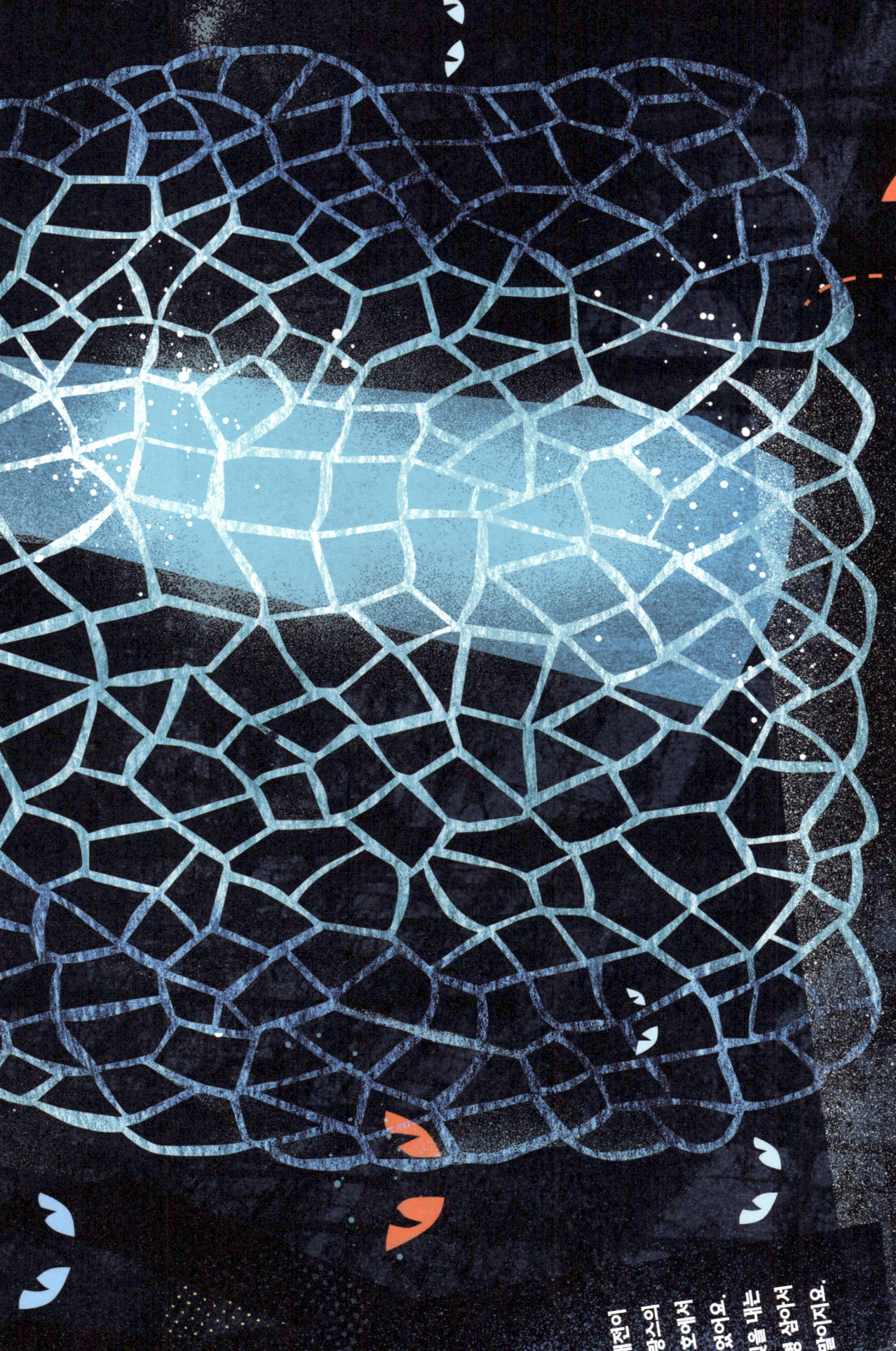

뽕나무버섯의 빛 아래에서 너의 편지를 읽는다

뽕나무버섯은 나무의 줄기나 나무의 뿌리에서 자라나요. 나무껍질 아래에도 깊고 실타래처럼 엉킨 균사체가 자리를 잡고 나무에 깊숙하게 침투해요. 이름 속에서 썩은 나무 조각을 갉아 먹은 다음, 크고 초록빛이 섞인 노란 빛을 내뿜는 줄기로 연한 그물을 볼 수 있어요. 숲에서 습한 초록수록 더 강한 빛을 내뿜어요. 가끔은 신기하게도 어두운 밤, 비가 온 후에 나무껍질 아래에서 뚫고 나온 초록빛을 볼 수도 있어요. 이 기관은 **균사속**이에요. 19세기에 그냥 균사속을 나무 기둥에 옮겨심을 수도 있고 크게 자란 나무의 조각도 나무 전등이 나무 기둥에 옮겨심을 수도 있어요. 폭발을 할 수도 있는 알기루 창고 같은 곳에서 안정한 빛의 원천으로 높이 평가를 받아요.

어두운 곳에 이끼 길이 길어지는가요?

과학자들은 균류의 빛을 내는 현상인 생물 발광의 원리에 대해서 아직 확실히 알지 못해요. 가끔 같은 종이 버섯 중 어떤 것은 빛을 내지만, 어떤 것은 내지 않는 경우가 있는데 이런 것 때문에 연구가 더 어려워져요. 바로 부채버섯이 그래요. 부채버섯은 미국에서는 빛을 내는데, 유럽에서는 내지 않거든요. 가끔은 유전자에 차이가 있는 경우도 있어요.

나무가 울창한 열매 정글과 스칸디나비아 지방의 숲에서는 밤에 길을 잃지 않도록 빛을 내는 나무가 길가에 서 있어요.

제 2차 세계 대전이 일어났을 때 프랑스의 군인들은 참호에서 약호의 편지를 읽으며 야광 초록빛을 내는 뽕나무버섯을 광원 삼아 읽지요.

이것도 버섯일까요?

세상에는 특이하게 생긴 버섯이 많이 있어요.
문어처럼 생긴 버섯도 있고 커다란 바위처럼 생긴 버섯도 있어요.
산딸기 무스가 뿌려진 아이스크림 같이 생긴 버섯도 있지요.
자연이 만든 신기한 모습을 만날 수 있는 버섯에는 어떤 것들이 있을까요?

피즙갈색깔때기버섯

이 버섯은 마치 바닐라 아이스크림에 산딸기 무스가 뿌려진 것처럼 생겼어요. 그러나 생긴 것과는 달리 맛을 보면 하기 타는 듯이 매운 이 버섯을 약간의 이빨 꼽칩하게 짜릿하다고도 하는데, 미국에서는 이 버섯 모양을 보기 이란고 불러요. 떡음스러운 산딸기 무스 모양을 보기 이란고 불러요. 아주 어린 피즙갈색깔때기버섯은 성장 단계에 있는 버섯도 찾아야 해요. 오래된 버섯도 셈이 어둡고 단단해요. 무늬가 없고, 오래된 장소에서 이 버섯을 찾아야 해요. 또한 습도가 높은 장소에서 아주 건조하게 나면 매일 여름철에 아주 건조하게 나면

하얀 버섯에 잠무늬가 생기지 않는 경우가 많고, 생기더라도 아주 적어요. 금세 상처를 입은 버섯에서는 피처럼 빨간 즙이 새어 나오기도 해요.

댕구알버섯

이 버섯은 들판 혹은 숲에 웅크리고 있는
아주 큰 흰색 암석을 닮았어요.
매우 큰 것도 있어서 둘레가 60센티미터에서
140센티미터가 되는 것도 있어요.
체코에서는 어린 댕구알버섯을 얇게 썰어서
커틀릿처럼 구워먹는 것을 즐겨요.

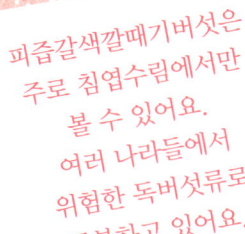

피즙갈색깔때기버섯은
주로 침엽수림에서만
볼 수 있어요.
여러 나라들에서
위험한 독버섯류로
구분하고 있어요.

뱀버섯

이 버섯은 마치 핀란드의 애니메이션 무민에 등장하는, 참을성 없이 계속 고개를 위로 내미는 캐릭터인 해티패티를 닮았어요. 그렇지만 이 버섯은 해티패티처럼 흰색은 아니고, 어두운 색에다 끈적거려요. 머리 부분에는 끈적한 물질이 '있을 수도 있고 없을 수도' 있어요. 여기에는 퍼져 나가야 하는 포자가 숨겨져 있답니다. 아프리카와 남극을 제외한 모든 대륙에서 이 버섯을 볼 수 있어요.

구름버섯(운지버섯)

이 버섯은 나무에 붙어 성장하는 버섯으로 색이 다채로워요. 무지갯빛으로 색이 변하거나 이국적인 새의 꼬리처럼 화려한 색을 띱니다. 폴란드에서는 이 버섯을 먹지 못하는 버섯으로 분류하지만 중국, 라오스, 멕시코에서는 식용 버섯이에요.

노루궁뎅이버섯

이 버섯은 암석 동굴의 벽에 매달린 종유석을 연상시키는 모양을 가지고 있어요. 바닷속에 있는 수중 생물인 말미잘 같기도 해요. 유럽의 많은 나라에서는 생존이 극심하게 위협을 받고 있어서 폴란드에서는 멸종 위기의 균종으로 기록되어 있어요.

중국과 일본에서는 노루궁뎅이버섯을 약용 버섯으로 사용해요.

바다말미잘버섯

이 버섯은 문어 같기도 하고, 이국적인 산호초 같기도 해요. 하지만 그냥 평범한 버섯이에요. 단지 모양이 특이하게 생기고 동물이 썩는 것 같은 강하고 기분이 좋지 않은 냄새가 날 뿐이지요. 유럽에는 100년도 훨씬 전에 이 버섯이 들어왔어요. 아마도 오스트레일리아의 식물원에서 가져온 식물이 심겨 있던 흙에 버섯의 일부나 포자가 섞여서 함께 유럽으로 이동한 것으로 보여요. 폴란드에서는 1975년도에 처음으로 이 버섯이 발견되었는데, 뱀이 낳은 알이라고 생각했어요(실제로도 알처럼 생겼어요.).

버섯 신기록
누가 누가 최고일까

구멍장이버섯과가

가장 오래 살아요.

이들은 나무를 공격하고, 나무가 완전히 죽기 전까지는 계속 살아 있어요.

수십 년 동안 이렇게 살아요.

☞ **구멍장이버섯과는 성장 속도가**

가장 느린 버섯에 속해요.

흔하게 볼 수 있는,

나무에 붙어 사는 버섯이에요.

반대로 **가장 빨리**

자라는 버섯은 **고깔갈색먹물버섯**이에요.

이 버섯은 몇 시간이면 성장이 끝나 버리고, 그 다음 날부터 이미 포자가 퍼지기 시작해요.

이 과정은 **공원이나 숲의 잘려 나간 나무기둥 같은 곳**에서 관찰할 수 있어요.

세계에서 가장 큰 버섯이자

지구상에 존재하는 가장 강력한 생물체는 바로 미국의 오리건주에서 발견된 **잣뽕나무버섯**이에요.

이 버섯의 균사체는 무려 **땅속 1미터나 되는 깊은 곳**까지 뻗어 있고,

차지하는 면적도 무려 8~9제곱킬로미터나 돼요.

이는 축구장을 1,665개 정도 합친 크기예요!

이 균사체에서는 셀 수 없이 많은 돌기들이

자라나는데, 바로 버섯이에요. 이 버섯은 쉽게 눈에 보이지 않는데,

갓의 크기는 **4~8센티미터** 정도이고

지상으로 20센티미터 이상 자라나지 않아요.

학자들에 의하면 이 버섯의 기록적인 크기는 대략 **8천 년 전부터**

포자에서 시작되어 성장한 결과라고 해요. 즉, 신석기 시대부터 자라기 시작한 것이죠!

아마도 몇 년 전에는 더 컸을 거예요. 왜냐하면 이 버섯 균사체의 많은 부분이 숲에 불이 나서 불타 버렸거든요.

버섯의 가장 큰 자실체는

중국에서 발견되었어요. 자실체의 크기는 거의 11미터 정도였고,
폭은 80센티미터, 두께는 5센티미터 정도였어요.
무게도 0.5톤이나 나갔어요! 쓰러진 나무의 기둥 아래에서 발견되었고,
소나무비늘버섯과에 속하는 버섯이에요.

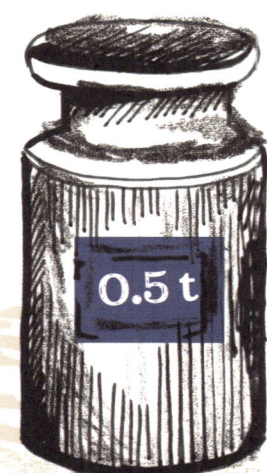

버섯 농사를 짓는 개미

작은 보초 개미

버섯을 기르는 개미들이 나르는 나뭇잎에는 아주 작은 개미들이 앉아 있어요. 이 개미들은 동료들의 등에 업혀 편하게 가고자 무임승차한 개미들이 아니에요. 이들은 매우 중요한 임무를 수행하고 있어요. 개미집으로 옮기는 나뭇잎에 주변에서 날아다니는 기생파리들이 앉지 못하도록 지키고 있어요. 왜냐하면 기생파리들은 개체수를 많이 늘리기 위하여 일개미에게 알을 낳고 싶어하기 때문이에요.

이 개미들을 **파라솔개미**라고도 부르는데 그 이유는 머리 위로 나뭇잎을 지고 가는 모습이 마치 초록색 우산을 쓴 모양과 비슷해서랍니다. 실제로 나뭇잎을 들고 아주 멀리 가기도 해요!

개미들은 어떻게 버섯을 기르는 걸까요?

1단계
잎꾼개미들은 알맞은 나뭇잎을 찾기 위해서 여기저기를 둘러보고 다녀요. 마침내 원하는 잎을 찾으면 동료들을 데리러 개미집으로 돌아와요.

2단계
개미집에 있던 일개미 전체가 잎을 가지러 출동해요. 잎꾼개미들은 동료들에게 길을 안내해요.

버섯을 기르는 개미

중남미 지역에서는 버섯을 기르는 개미를 농작물을 파괴하는 해충으로 여겨요. 이 개미들은 하룻밤이면 넓은 구역에 있는 잎들을 모조리 가져갈 수 있어요. 개미들은 먹기 위해서 잎을 가져가는 게 아니에요. 잎이 아니라 균(곰팡이)을 먹거든요. 또한 뜯어서 개미집으로 가져온 잎에 이 균들을 배양하고, 개미 애벌레들에게도 이 균을 먹여요.

잡초는 그만!

버섯을 기르는 개미들은 숙련된 농부예요. 그래서 정원사개미라고 불려요. 버섯을 심기 위한 바닥을 잘 갈 뿐만 아니라, 정원에 있는 잡초도 뽑아요. 학자들은 60여 년 전에 개미들이 한 종류의 버섯은 재배하고 다른 종들은 제거한다는 것을 알게 되었어요. 가장 작은 일개미들은 제거를 목적으로 균사체의 구석구석까지 침투하고, 턱을 이용하여 불필요한 종의 번식을 위한 부위를 끊어 버려요.

이제 준비 끝!

모든 과정이 끝나면 개미집 식구 전체를 먹여 살릴 수 있는 새로운 버섯이 자라나길 기다리면서 쉴 수 있어요.

7단계
이전에 재배하던 오래된 버섯에서 균사체를 떼어 낸 다음, 나뭇잎 조각을 묻은 곳에 같이 묻어요.

6단계
앞다리를 이용해서 씹은 나뭇잎 조각들을 주변에 묻어 버려요.

5단계
조각이 축축하게 젖은 뭉치가 될 때까지 씹어요.

4단계
잎을 핥아서 작게 조각을 내요. 각 조각은 2밀리미터가 넘지 않아요.

3단계
개미들은 잎을 자르고, 필요한 경우에는 작은 조각으로 나누어서 보금자리로 가져와요.

괴력의 개미

버섯을 기르는 개미는 자신보다 **50배나 큰 잎을** 들어 올릴 수 있어요.

서로 돕는 협력 관계

나무에 붙어 자라는 버섯에 대해서 들어 본 적이 있을 거예요. 그런데 나무에 기생하여 살면서 나무가 더 잘 자라고 성장할 수 있도록 도와주는 버섯도 있어요. 80퍼센트 가량의 나무와 관목들이 이러한 공생 관계의 균류를 가지고 있어요!

식물과 균류의 협력을 **균근**이라고 해요. 버섯의 균사체는 식물의 뿌리를 뒤엎으며 성장을 하고, 촘촘한 망을 형성하며 뿌리를 감싸 안아요. 덕분에 뿌리가 양분을 흡수할 수 있는 면적이 버섯의 도움이 없을 때보다 수천 배나 더 커지기도 해요. 버섯의 균사체는 식물의 뿌리가 직접 닿을 수 없는 곳에서 영양분과 수분을 날라다 줘요. 그 결과 식물은 더 빨리 자라고, 더 풍성한 잎을 얻게 되며, 건강해지고, 가뭄이나 추위에도 더 잘 견딜 수 있게 돼요. 또한 균들이 뿌리를 보호해 주는 항생제와 유사한 성분의 물질을 토양에 분비하기 때문에 해충의 공격도 덜 받게 돼요.

그럼 균류는 무엇을 얻나요?

식물에 좋은 영향을 끼친다고 해서 균이 자선 사업가는 아니에요. 식물과의 협력을 통해 균도 얻는 것이 있지요. 식물의 뿌리에서 당분과 균이 스스로 생산해 낼 수 없는 유기 화합물을 얻어 내요. 식물은 광합성을 하는 과정에서 이러한 성분들을 생성해 내거든요.

나무를 도와주세요!

균류 공생 생물체는 숲에서 쉽게 볼 수 있지만 정원에는 균근이 부족한 경우가 자주 있어요. 원래는 균근이 있었지만, 비료나 잡초를 없애는 약 때문에 훼손된 거예요. 그래서 사람들은 화훼점에 가서 버섯균의 포자나 균사체를 사 와서, 나무에 균근 백신을 직접 뿌려 주면서 나무를 도와줘요.

예쁜 꽃

균근은 나무나 관목 식물에만 있는 것은 아니에요. 꽃식물 중에서도 제대로 자라기 위해서 이런 균을 필요로 하는 경우가 있어요. 아름다운 난초의 씨앗은 균사체가 있을 때만 싹을 틔운다고 합니다!

잘 어울리는 버섯과 식물 커플

버섯이 나무의 뿌리 쪽에서 잘 자라나는 것은 우연이 아니에요. 버섯이나 나무 양쪽에 모두 유익한 점이 있기 때문에 그 부근에서 성장해요. 서로 훌륭하게 협력을 해 나가는 조합은 :
• 그물버섯과 소나무 • 비단그물버섯과 구주소나무 • 껄껄이그물버섯속과 자작나무
• 그물버섯과 소나무, 유럽너도밤나무, 참나무, 서어나무 • 맛젖버섯과 가문비나무, 소나무

숲의 미식가

사람들만 버섯을 맛있어하는 것은 아니에요. 동물들 또한 버섯 먹기를 즐겨요. 그런데 벌레들이나 달팽이가 선택하는 버섯은 무조건 독버섯이 아니라는 말은 사실이 아니에요. 동물에게는 해가 되지 않는 버섯이 사람들에게는 목숨을 위협할 정도로 위험한 경우도 있어요!

벌레들의 버섯!

버섯을 채집하는 사람들은 누구나 이 감정을 알아요. 아름답고 큰 버섯을 발견하여 자르고 보니 그물처럼 구멍이 뻥뻥 뚫려 있고 벌레로 바글바글할 때의 감정 말이에요! 이 벌레들은 붉은색을 띠는데 주로 유충과 애벌레예요. 약 200종의 벌레들이 어린 버섯에 알을 까요. 유독 특정한 종류의 버섯을 좋아하는 벌레들도 있는데, 이런 버섯은 사람들에게는 보통 독버섯인 경우가 많아요. 하지만 버섯에 상관없이 모든 어린 버섯에 알을 낳는 벌레도 있어요. 애벌레는 버섯에서 아주 성장을 잘해요. 왜냐하면 **버섯은 먹이 저장소**나 마찬가지이고, 하루 종일 그 먹이를 먹을 수 있으니까요!

달팽이

식탐이 많고, 하룻밤 새에 버섯의 갓을 모두 먹어 치울 수 있어요. 다 먹지 못하더라도 최소한 구멍이라도 뚫을 수 있지요. 다행히도 달팽이는 그물버섯이나 밤꽃그물버섯보다는 사람들에게는 독이 있는 광대버섯류를 더 좋아해요.

딱정벌레의 애벌레도 버섯을

매우 즐겨 먹어요. 성장한 보라금풍뎅이도 사람들이 좋아하는 그물버섯속의 버섯을 먹어요. 숲길을 걷다 보면 풍뎅이가 옮기던 버섯갓의 일부를 볼 수도 있어요. 벌레들은 가끔 버섯의 딱딱한 표면에 구멍을 내고 그 속에 있는 것만 싹 파먹기도 해요.

톡토기도 버섯을 아주 좋아해요.

이 벌레는 몇 밀리미터 밖에 되지 않을 정도로 작고, 복부 뒤쪽에 도약기라는, 높이 뛸 수 있는 기관을 가진 절지동물의 일종이에요. 톡토기는 보통 버섯갓 아래의 주름살과 관공 사이에서 살아요.

벌레들에게 가장 인기가 없는 버섯은 **꾀꼬리버섯**이에요!

포유동물 중에서도 버섯을

아주 좋아하는 동물들이 있어요. **땃쥐, 고슴도치, 멧돼지도 버섯을 잘 먹는 동물이에요.**

동물들이 아주 좋아하는 버섯들 중에는 동물의 이름이 붙은 것도 있어요.

공짜 상부상조

우리가 전혀 생각지도 못한 동물들이 다양한 방법으로 균류와 도움을 주고받고 있어요.

염소의 배 속

염소는 못 먹는 게 거의 없어요. 그리고 그것 때문에 탈이 나지도 않아요. 종이 쓰레기도 먹고, 나뭇가지도 먹고, 마당에서 빨래를 널 때 쓰는 빨랫줄도 먹어요. 영국 하퍼 아담스 대학과 미국 캘리포니아 대학교의 학자들은 어떻게 이런 일이 가능한지 알아보기 위해서 실험실에서 염소의 배설물을 조사했어요.

학자들은

소화가 쉽지 않은 것들을 소화시킬 수 있는 이유가 염소의 소화 기관에 존재하는 균 때문이라는 것을 알아냈어요. 바로 균이 셀룰로스를 분해하고, 이것을 단당류로 변환시키는 효소를 생성해 내기 때문에 가능한 일이었어요.

균으로 생산하는 연료

잡식성 동물인 염소의 소화 기관이 운동하는 원리를 알게 된 것이 끝은 아니에요. 현재 학자들은 염소의 배 속에 있는 균들을 이용하여 풀이나 건초, 가구에서 떨어져 나온 조각 등을 활용한 바이오 연료를 생산하고 싶어해요. 여태까지는 공장에서 셀룰로스를 분해하여 단당류로 만들기 위해서는 화학 약품을 이용해야 했고, 매우 높은 온도가 요구되었기 때문에 효율적이지도 않고 비용도 많이 들었어요. 그러나 지금은 효소를 생산해 내는 균 덕분에, 그냥 버려지는 물질에서 빠르고 간단하게 에너지를 얻어 낼 수가 있게 되었어요. 실험실에서 진행된 첫 시도는 기대할 만한 결과를 안겨 주었어요.

소의 배변물

필로볼루스균(*Pilobolus*)은 여태까지 가 본 적이 없는 장소를 찾아내기 위해서 **소**의 소화 기관을 활용해요.

이 균의 포자들은 소가 풀을 뜯어 먹을 때 함께 입으로 들어가요. 포자균들은 완전히 소화되지 않을 정도로 저항력이 있기 때문에, 소는 포자를 그대로 배출해요. 그래서 포자들은 다시 풀밭 어딘가 다른 장소에 놓이게 되지요. 그렇게 소의 배변물에서 또 자라나요.

균들은 길고 가는 줄기 모양을 하면서 햇빛을 향해 자라요.

이 줄기는 액체로 가득 차 있고, 그 액체 속에서 포자들이 수영하고 있지요. 그러다가 어느 순간, 이 액체는 소의 배변물에서 튕겨 날아갈 수 있는 정도의 압력을 생성해요. 그 다음엔 어떻게 될지

상상이 되지요!

총알처럼 빠른 포자

필로볼루스균은 지구상에서 가장 빠른 속도로 가속할 수 있는 유기체예요. 이 균이 포자를 발포하여 확산시키는 방식을 사출형 산포라고 하는데, 포자는 겨우 2마이크로초만에 시속 20킬로미터로 가속하여 날아갈 수 있어요. 심지어 소의 등줄기를 넘어 옆으로 2.5미터까지 더 날아갈 수 있지요. 만일 같은 속도로 더 멀리 간다면, 한 시간에 12만 2천 킬로미터까지 이동할 수 있어요. 즉, 지구를 세 바퀴나 돌 수 있는 거예요.

나무껍질 속에서는

나무좀은
나무를 괴롭히는, 딱정벌레목의 작은 벌레예요.
이 벌레는 나무 전체에 양분을 공급하는 체관부를 뚫어요.
나무좀의 턱은 길고 복잡한 통로를 만들 수 있는
강한 부리를 가지고 있어요.

나무좀은 나무껍질에 침투해 복잡한 구조의 통로를 만들어요.
먼저 암컷을 위한 교미 장소를 만들어요. 그 다음 수컷들은 체관과
나무껍질에 갱도를 뚫어 알을 낳을 장소를 준비해요. 암컷이 낳은 알에서
유충이 부화하면 그것들은 나무껍질 안쪽을 파먹으면서 유충 갱도를
뚫어 가요. 길고 구불구불하고 서로 점점 멀어지지요.

상호 공생 관계

나무껍질 속에는 균류가 살아가는 데 필요한 질소가 매우 적기 때문에, 균류는 스스로 살아가는 방법을 찾기 어려워요. 나무좀의 배설물과 잔해에서 지속적으로 발생되는 질소 덕분에 균류는 나무껍질 속에서 성장할 수가 있어요. 반대로 균류는 셀룰로스를 나무좀에게 필수적인 단당류로 분해하고 스테롤을 생산해요. 이건 중요한 화학 화합물이에요. 덕분에 나무좀들은 호르몬을 생성하고 계속해서 번식할 수가 있어요. 따라서 균류와 나무좀은 나무껍질 속에서 공동의 삶을 이루고, 서로 이익을 공유해요. **생물학자**들은 이를 **상호 공생 관계**라고 불러요.

흥미롭게도, 나무좀은 나무를 전혀 먹지 않아요. 균류의 포자나 균사체의 일부가 통로로 이동할 수 있도록 공간을 마련하기 위해서 **그저 씹을 뿐이에요.**

균류와 상부상조

양말 기우기용 버섯

양말에 구멍이 나면 어떻게 하나요? 다른 많은 사람들과 마찬가지로, 그냥 버리고 새 양말을 사나요?

그러나
30년 전만 해도 할머니들은
낡고 떨어진 양말을 바구니에 모아 두고, 기나긴 겨울밤이 오면 난롯가에 앉아서 조심조심 기웠어요. 구멍을 꿰매기 위해서 양말이나 두꺼운 스타킹을 편하게 펼 수 있도록 속에 짜깁기용 받침공을 끼워 넣고 사용했어요. 유럽에서는 나무로 된 버섯 모양의 짜깁기용 받침공을 사용했는데, 요즘 다시 이 나무 버섯이 유행하고 있어요. 나무 버섯이 있다면 구멍 난 양말을 기꺼이 꿰매 신고 싶을 거예요.

양말을 꿰매고 싶나요?

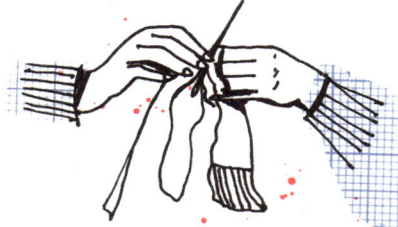

꿰매기는 별로 어렵지 않아요. 바느질을 해 본 사람들은 심지어 긴장을 풀고 쉴 수 있는 작업이라고들 말하기도 해요.

필요한 것
- **나무 버섯 받침공**
  - 구멍난 양말
- **굵은 바늘 (짜깁기용 바늘)**
  - 양말의 실 굵기와 비슷한 굵기와 색깔의 실 • **가위**
  - 편안한 소파나 안락의자, 적당한 조명

1.

양말 속에 나무 버섯을 집어넣어요. 버섯갓의 가운데 부분과 구멍이 난 부분이 딱 맞게 잘 맞추어요.

2.

구멍 난 부분의 둘레를 홈질로 바느질해요. 꿰맬 때는 실이 풀어져서 양말에 다시 구멍이 나지 않도록 가장자리에 약간의 여유 공간이 남도록 해요.

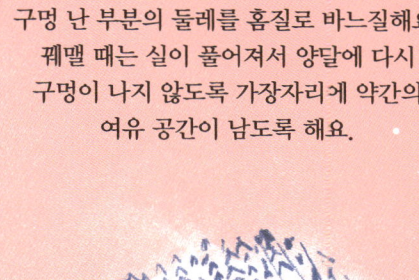

3.

먼저 실로 나중에 실을 걸게 될 틀을 만들 거예요. 양말에 구멍이 난 부분을 양말 실의 재봉 방향에 맞게 수평 방향으로 구멍이 메워질 때까지 바느질해요. 이 부분을 너무 잡아당겨서 구멍 가장자리의 홈질해 둔 부분에 주름이 지지 않도록 조심해요!

4.

수평 방향으로 바느질을 하고 나면, 이번에는 실을 반대 방향으로 끼워요. 한 번은 실의 위쪽으로 실을 꿰어 넣는다면, 그 다음번에는 아래쪽에서 넣어서 촘촘한 그물 같은 모양이 되도록 수직 방향으로 바느질을 해요.

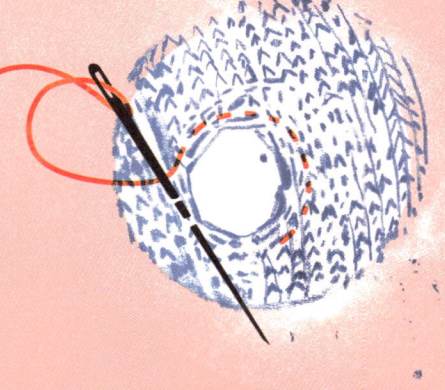

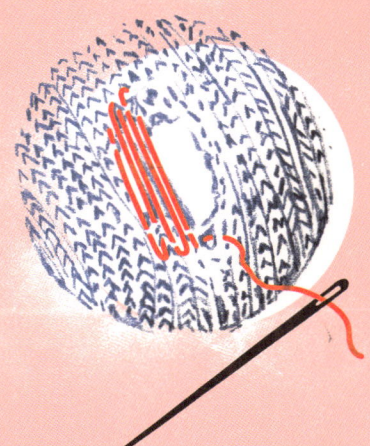

5.

바느질을 다 했으면 실을 끊기 전에 구멍이 난 부분에 한두 번 더 간단하게 홈질을 할 수 있어요. 보통 구멍이 난 쪽은 약간 닳고 올이 풀려 있으니 단단하게 하는 것이 도움이 될 거예요.

6.

매듭짓는 것을 **잊지 마세요!!** 매듭짓지 않으면 모든 일이 **무용지물**이 되고 말아요. 서서히 다시 발가락이 드러나기 시작할 거예요.

바람은 가장 멋지고 인내심 많은 조각가예요. 하나의 버섯 암석을 만들기 위해서 수천 년을 작업하니까요! 바람의 활동에 의한 결과물은 바람이 미친 듯이 불고 어떠한 방해 요소도 없는 아프리카의 사막 지역, 미국 콜로라도강 주변의 그랜드 캐니언, 캔자스주의 머시룸 록 주립 공원, 아르헨티나의 이치구알라스토 자연공원 등에서 볼 수 있어요.

이치구알라스토 자연공원

머시룸 록 주립공원

버섯 바위

이집트의 사막, 미국의 그랜드 캐니언, 폴란드의 스토워베산에서는 수천 년 전에 형성된 세상에서 **가장 오래된 버섯**을 볼 수 있어요. **이 먹지 못하는 버섯들**은 세상에서 가장 위대한 조각가인 바람이 오랜 세월을 거쳐 돌로 빚어 낸 바위예요!

아이올로스 신의 조각

세계에서 가장 위대한 조각가는 바람이에요. 아주 크고 단단한 암석도 기이한 모양의 버섯으로 깎을 수 있어요. 바람은 작은 모래 알갱이와 작은 돌 조각을 공중으로 띄웠다가 그걸로 바닥에 박힌 큰 돌을 쳐요. 바위의 아래쪽과 가운데가 가장 강하고 빈번하게 영향을 받는데, 그로 인해 버섯의 자루와 비슷한 모양이 만들어져요. 위쪽에는 자갈과 모래알이 많이 닿지 않기 때문에 버섯갓은 넓적한 형태로 남고, 작은 돌 알갱이와 강한 바람에 의해 매끈해져요. 이러한 바람의 활동을 아이올로스 침식, 즉 바람에 의한 침식이라고 부르는데, 그리스 신화에서 바람의 신이 바로 아이올로스이기 때문이에요.

환상적인 카파도키아

기묘한 형태의 돌로 가득한 터키의 카파도키아는 전 세계의 관광객을 터키로 불러들여요. 바람, 비, 물이 부드러운 응회암에 조각을 했고, 버섯, 원뿔, 기둥 모양의 돌이 가득한 마법 같은 도시를 만들었어요.

이 버섯 모양의 돌 중에는 아주 편안한 집이 지어진 곳도 있어요. 이곳에서 조지 루카스 감독이 영화 스타워즈를 찍었다는 소문도 있지만, 사실 스타워즈에 등장한 타투인 행성은 튀니지의 사막이에요.

폴란드 스토워베산의 암석

스토워베산의 수많은 암석은 붙어자란버섯, 그물버섯, 층무늬버섯 등 각자 다양한 이름을 가지고 있어요.

스토워베산의 그물버섯

폴란드 스토워베산에 있는 거대한 버섯들은 모래가 굳어서 된 사암으로 만들어졌어요. 사암에는 여러 가지가 있고, 각각의 암석마다 바람에 의한 저항성이 조금씩 달라요. 버섯의 자루는 사암 중에서도 입자가 작은 사암인 경우가 많고, 풍화 침식 작용이 빨리 이루어져요. 그리고 갓 부분은 바람에 저항력이 조금 더 강한, 입자가 굵은 사암으로 이루어진 경우가 많아요. 또한 물의 침투 현상에 의해 모양이 만들어지는 종류의 사암으로 된 버섯 바위도 있어요. 바위의 아랫부분은 땅에서 스며 나오는 물이 얼어서 더 빠르게 침식 작용이 일어나고, 얼음은 바위를 쪼개고 가장자리를 조각해요. 높은 위치에 있을수록 영향을 적게 받기 때문에 바위의 꼭대기 부분은 거의 변화가 없는 모습으로 남아 있고, 덕분에 예쁜 갓 모양이 만들어지지요.

이 돌들도 변하고 손상이 되고 있어요.

실제 숲에서처럼 돌 숲의 경치도 변화해요. 거대한 암석에 작용하는 바람은 멈추지 않거든요. 그래서 버섯의 자루는 점점 가늘어지고, 어느 순간이 되면 암석은 자신을 만들어 낸 바람에 의해 쪼개져 버리고 말아요.

우연한 만남

세상에는 두 개의 돌이 만나서 버섯 바위가 '자라나기도' 하는데요. 아주 우연히 벌어지는 일이에요. 지진이나 산사태가 발생했을 때 돌 하나가 다른 돌 위로 떨어지거나, 빙하가 떠돌 때 큰 바위를 이동시키면서 그 위에 자리를 잡는 경우도 있어요.

버섯으로 만들 집?

건축가들은 이미 **버섯 벽돌**로 만든 집을 설계했고,
기술자들은 벽돌이 견고해지고 기온과 물과 햇빛에 견딜 수 있으려면
어떻게 해야 할지를 끊임없이 연구하고 있어요. 연구가 끝나기만을 기다리지 않고,
우리도 직접 작은 벽돌을 만들어 보거나 원하는
모양으로 조각을 할 수 있어요.

버섯 **벽돌**

데이비드 벤자민은 유명한 뉴욕 현대미술관 앞에 버섯 벽돌로 만든 거대한 탑을 만들었어요. 이것을 보기 위해 엄청난 인파가 몰려들었어요!

필립 로스는 벽돌을 불로 태우지만 않는다면, 버섯균이 자라서 비어 있는 공간을 촘촘하게 메워서 각각의 건축 요소들을 연결한다는 것을 발견해 냈어요. 벽돌에서 자라난 버섯의 균사체가 모르타르나 접착제보다 꽤나 더 강하게 결합을 시켜요! 그렇지만 이런 벽돌은 비나 서리, 강한 햇빛을 견딜 수가 없어요.

직접 벽돌을 만들어요

필요한 것
• 균사체
(화훼 상가, 원예점에서 살 수 있어요.).
가장 좋은 것은 느타리버섯, 표고버섯, 영지버섯의 균사체예요.
• 빨대, 짚
(동물용품점에서 산)
• 감자 가루 1 티스푼
• 물

88

미래의 플라스틱

전 세계의 학자들은 이마에 땀을 흘리며 버섯을 가지고
새로운 것을 만들기 위해 애쓰고 있어요. 그리고 버섯은
미래의 플라스틱이 될 수 있다고 입을 모아 주장해요!
버섯의 균사체를 이용하여 가구와 그릇을 만들고, 심지어
건물까지 만들 수 있다고 말하지요. 친환경적이고 자연의 산물인 데다
수백 년간 썩지 않는 쓰레기가 되는 대신에 100퍼센트 분해가 돼요.

에릭 클라렌벡

기대치
앉은 의자

버섯으로 만든 가구?
왜 못 만들겠어요?
네덜란드의 **에릭 클라렌벡**은
버섯의 균사체로 만든 의자, 탁자,
기묘한 조각상을 3D 프린터로
출력했어요. 클라렌벡은 균사체를
가루를 낸 짚과 물과 섞었어요.
균류는 짚을 토대로 퍼지면서
자라나고, 이전에는 물로
채워져 있던 공간의 1밀리미터
정도를 차지하게 돼요.
그런 방식으로 매우 견고하고
단단하며, 동시에 가벼운
소재가 만들어져요.

이런 의자는 얼마 동안은 정말 살아 있고,
여러 곳에서 미세한 균류가 자라나요!
물론 버섯을 잘라 내고 계속 가구로
사용할 수도 있어요.

램프와 비슷하게 생긴 버섯 가구를 바르샤바 예술 아카데미의 **마렉 그워고프스키**가 만들었어요.

버섯 스티로폼

플라스틱은 전 세계 폐기물 중 25퍼센트를 차지하는데, 분해가 되지 않아요. 그중에서도 스티로폼과 가구나 가전제품 등을 운송할 때 안전을 위해 사용하는 완충재가 가장 높은 비율을 차지한다고 해요. 미국의 에븐 바이어는 과학자들과 함께 균사체가 다량 포함된 완충 발포 스티로폼을 만들었어요. 완충 발포 스티로폼도 기존의 스티로폼과 비슷한 용도로 사용돼요. 집을 보온하는 단열재, 캠핑 갈 때 가져가는 아이스박스, 전자제품이 손상되지 않도록 박스에 넣는 완충재 등으로 쓰여요. 바이어는 미국에서 이 물질을 생산하는 회사를 운영해요. 이 회사에서는 70여 명이 일을 하는데 겨우 주문에 맞출 수 있는 상태라고 해요. 컴퓨터와 서핑보드를 생산하는 큰 규모의 업체도 균사체 발포 스티로폼을 구매하지요. 바이어의 회사에서는 벽에 까는 타일과 균류, 대마, 전분으로만 이루어진 소재로 만든 가구도 생산해요. 이것은 이제 시작 단계예요. 바이어는 균류를 이용하여 쉽고 빠르게 자동차 연료를 만들 수 있다고 주장해요! 이 주제로 다보스에서 열리는 세계 경제 포럼에서 발표를 하기도 했어요.

덴마크의 디자이너인 **조나스 에드워드**는 느타리버섯으로 램프를 만들어요. 이러한 전등갓은 직물 공장에서 사용되고 남은 찌꺼기로 만드는데, 균사체가 구석구석 빈틈으로 스며들어서 접착제와 같은 작용을 하여, 덕분에 굳고 단단해져요. 램프는 바로 따뜻한 장소에서 길러야 하고, 시간은 2~3주가량 소요돼요. 균류는 점점 퍼지기 시작하고, 어느 정도 시간이 지나고 나면 버섯을 따서 먹을 수도 있겠죠. 그리고 전등갓은 걸어 둘 수도 있고, 전구를 끼워 넣을 수도 있어요. 그러면 완성이에요!!

지갑이나 손가방 - 균사체를 이용하여 작은 잡화류도 만들 수 있어요. 미국의 유명 대학 졸업생들이 세운 마이코웍스라는 회사는 균류로 만들어진 가죽 가방을 생산해요. 그리고 친환경 라이프를 즐기려는 여성들은 이 가방을 살 준비가 되어 있답니다.

폭풍우를 일으키는 버섯

하늘에 있는 뭉게구름을 본 적이 있을 거예요.
가끔은 코끼리 모양 같기도 하고 토끼 모양처럼 보이기도 하지요.
하늘에서는 버섯 모양 구름도 볼 수 있는데요,
그건 독버섯은 아니지만 아주 중대한 문제를 일으킬 수는 있답니다.

버섯 모양 구름은 보통 따뜻한 봄날이나 더운 여름날의 하늘에 나타나요.
이 구름은 밀도가 굉장히 높고 비바람을 품고 있어요.

바로 적란운이에요.

적란운(소나기구름)은 고도 2~3킬로미터 정도 되는 곳에 위치하고 있으며,
구름의 정점은 수십 킬로미터 위까지 치솟아 있어요. 그리고 구름의 아랫부분은
물로 구성되어 있지요. 물방울을 더 많이 함유하고 있을수록 구름의 색은 짙어져요.
물방울이 장애물처럼 작용을 해서, 빛을 차단하고 빛이 구름의 내부를 관통하지
못하게 하거든요. 3~4킬로미터 이상 높은 곳에서는 온도가 0도 이하로 떨어져요.
그래서 위쪽으로 올라간 물방울은 얼음 알갱이로 변하게 되고, 점차 자신의 몸집을
키워 가요. 구름이 오랫동안 발달할수록 얼음 알갱이도 점점 더 커져요.
그리고 보통 적란운은 5~6시간에 걸쳐서 만들어지기 때문에
오후에 가장 커지고 가장 예뻐져요. 그래서 이 버섯 모양 구름을 보려면
고개를 높이 들고 점심을 먹은 후에 밖에 나가 보는 것이 좋아요.

깜짝 놀란 사람들

2016년 7월 미국의 피닉스 지역에 사는 사람들은 엄청난 공포에 사로잡혔어요. 구급차를 부르고 소방서에
신고를 하고, 핵폭탄이 터졌다고 소리를 질렀지요. 하늘에서 엄청 크고 어두운 색의 버섯을 보았던 거예요.
그런데 그건 적란운이었어요. 구름 아래로 폭우가 쏟아졌고, 도로는 물로 넘쳤고, 바람에 나무는 부러졌으며,
수백 명의 사람이 전기도 없이 버텨야 했어요. 한 달 뒤에 러시아 시베리아 지방의 케메로바 지역에 사는 사람들은
주변 지역에 있는 한 탄광에서 폭발이 일어났다고 생각했어요. 도시와 주변 마을 위로 불길함이 느껴지는 하얀
버섯이 나타났거든요. 그러나 그것은 구름이 아니라 스모그였고, 몇 시간 후에 흔적도 없이 사라졌어요.

큰 구름에서 폭우가!

적란운을 보기 위해서 집에서 멀리 가지 말아요. 이 구름은 아름다울 뿐만 아니라 위험하기도 하니까요. 만일 이 구름을 본다면, 늦은 오후에 큰 바람이 불 수 있어요. 그 다음에는 폭우가 쏟아지고요. 적란운은 폭풍의 버섯으로, 해일과 우박, 폭풍우를 자주 동반해요.

버섯구름

세계에서 가장 위험하고, 생명을 위협하는 버섯은 바로 악(惡)투성이 버섯이에요. 전쟁과 죽음의 상징이기도 하지요. 눈 깜짝할 사이에 수천 명의 사람들을 죽일 수 있고, 지구 표면에 있는 모든 도시를 불태워 버릴 수 있는 악(惡)투성이 폭발하고 나면 이 버섯이 나타나요. 1945년에 일본의 히로시마와 나가사키에서 이런 일이 벌어졌지 모, 그 뒤 다행히도 지금까지는 실험에서만 만들어졌어요.

폭발하는 버섯의 세상

폭발하는 버섯은 이렇게 자라나요

원자 폭탄은 플루토늄이나 우라늄을 함유하고 있어요. 폭탄이 터지면 아주 짧은 시간에 엄청난 양의 에너지가 대부 전체에서 방출되어요. 폭탄과 폭탄 주위의 공기는 몇 십만 도까지 뜨거워져요.

그런 온도에서는 모든 재료들이 가스로 변해 버려요. 폭탄이 가스를 품을 수 있는 용량은 폭탄의 크기만큼밖에 되지 않기 때문에 폭탄 내부의 어마어마한 압력이 발생하게 되어요. 압력에 의해 폭탄은 터지고, 엄청난 열용을 가진 팽창이 높은 오도의 불덩이를 만들어 내요.

불덩이는 스스로 솟아 먼지를 가지고 매우 빠르게 팽창하면서 위로 떠오르게 돼요. 이것이 바로 '버섯'이 되는 폭탄 궁둥이에요.

포발 후의 버섯

해표탄 버섯은 어떤 건물들보다 훨씬 아니라, 세계에서 가장 높은 산보다도 커질 수 있어요!

에베레스트산
해발 8848미터

버섯갓은 이렇게 만들어져요

불덩이는 점차 냉각되고 버섯에서 방사선 구름으로 변하게 돼요. 구름이 위로 공기가 밑으로 통하면서 높이에 다다르게 되면, 속도가 줄어들게 되고 웃부분이 옆으로 퍼져 나가기 시작해요. 굴뚝과 함께 구름으로 쌓아 버섯의 영태로 변신하기 시작해요. 첫 옆쪽으로 뻗던 먼지양이 가스는 액추탄 버섯의 자루에 있는 용력에 의해서 다시 안쪽으로 빨리기 시작해요.

…그리고 마치 고리처럼

바로 읽은 구름이다고 불리는 웃옷짐 고리에요. 습한 공기가 있는 곳에서 해폭탄이 얻어낼 수 있는 습한 주물에 만들어지지요. 습한 공기 속에 포함된 수중기가 응결합게 돼요. 그 응급한 수중기가 버섯보다 더 오랫동안 함께가 덮는 특수한 고리를 만드는 거예요.

바로 버섯 주변에서는 기름 꽃태버섯이나 큰갓버섯이 자루에서 자주 볼 수 있는, 자루테처럼 생긴 고리를 볼 수가 있어요. 아직도 냉각되고 있는 버섯 자루에 공기가 들어갔을 때 만들어지죠. 주변 공기에 있던 공기가 합해지고 냉각되어 어떤 습도에 다다르면 작은 먼지들이 눈에 보이는 구름으로 변하고요.

두 가지 색깔있는 비

수소 폭탄은 원자 폭탄보다 훨씬 더 큰 힘을 가지고 있어요. 최초의 수소 폭탄인 아이비 마이크는 이래 탈행양의 산호초 섬인 마셜 제도에서 진행되었어요. 불냥이의 크기는 5킬로미터가 넘고, 버섯의 크기는 37킬로미터다 되었어요. 폭발이 얻어난 암자 하로시에서 얻어진 원자 폭탄보다 700배 이상 웠고요.

확물이 작제되고 있던 에네비타크섬은 이 설립으로 사라졌고, 그 자리로 거대한 분화구로 바뀌었어요.

차례

- 3   식물인가요? 동물인가요? 아니요, 균이에요!
- 6   버섯은 어떻게 생겼을까요?
- 8   버섯 도감
- 16 이름은 진실을 알고 있다
- 18 구멍 뚫린 자루에서 버섯 키우기
- 22 버섯을 따러 갈까요?
- 24 헷갈리기 쉬운 독버섯들
- 28 겨울에 먹을 버섯
- 30 식탁에 올려 볼까요?
- 34 나무버섯
- 36 송로버섯
- 38 광대버섯
- 40 마법의 버섯고리
- 42 나라마다 다른, 버섯 따는 풍경
- 44 티벳의 황금
- 46 발효 음료 콤부차
- 48 균으로 가득 찬 약국
- 50 곰팡이균 배양하기
- 52 치즈 곰팡이
- 54 맛있는 베리 케이크
- 56 효모의 급속한 성장
- 58 효모가 할 수 있는 일
- 60 현상수배 균
- 62 포획성 균
- 66 미세 조류? 아뇨, 지의류예요
- 68 초와 램프 대신 버섯
- 70 이것도 버섯일까요?
- 72 버섯 신기록
- 74 버섯 농사를 짓는 개미
- 76 서로 돕는 협력 관계
- 78 숲의 미식가
- 80 균과 상부상조
- 84 양말 기우기용 버섯
- 86 버섯 바위
- 88 버섯으로 만든 집?
- 90 미래의 플라스틱
- 92 폭풍우를 일으키는 버섯
- 94 핵폭탄 버섯